民國文存

54

東方研究史

莫東寅 著

知識產權出版社

《東方研究史》系統介紹從古代至20世紀早期世界漢學的發生、發展史，作者注重結合當時的國內、國際環境，以時段和地區為標準詳細地闡述各國漢學研究者及其研究成果，對研究世界漢學史及了解中外文化交流具有重要作用。

本書適合對國際漢學、中國學有興趣者及相關研究者閱讀使用。

責任編輯： 劉　江　　**責任校對：** 董志英　　**動態排版：** 賀　天

特約編輯： 王曉燕　　**責任出版：** 谷　洋

圖書在版編目（CIP）數據

東方研究史/莫東寅著.—北京：知識產權出版社，2014.4

（民國文存）

ISBN 978-7-5130-0204-2

Ⅰ.①東…　Ⅱ.①莫…　Ⅲ.①亞洲—歷史—研究　Ⅳ.①K300.07

中國版本圖書館 CIP 數據核字（2014）第 071801 號

東方研究史

Dongfang Yanjiushi

莫東寅　著

出版發行：	知識產權出版社 有限責任公司		
社　　址：	北京市海澱區馬甸南村 1 號	郵　　編：	100088
網　　址：	http://www.ipph.cn	郵　　箱：	bjb@cnipr.com
發行電話：	010-82000860 轉 8101/8102	傳　　真：	010-82005070/82000893
責編電話：	010-82000860 轉 8344	責編郵箱：	liujiang@cnipr.com
印　　刷：	保定市中畫美凱印刷有限公司	經　　銷：	新華書店及相關銷售網站
開　　本：	720 mm×960mm　1/16	印　　張：	13.5
版　　次：	2014 年 6 月第一版	印　　次：	2014 年 6 月第一次印刷
字　　數：	170 千字	定　　價：	40.00 元

ISBN 978-7-5130-0204-2

民國文存

（第一輯）

出版前言

民國時期，社會動亂不息，內憂外患交加，但中國的學術界卻大放異彩，文人學者輩出，名著佳作迭現。在炮火連天的歲月，深受中國傳統文化浸潤的知識份子，承當著西方文化的衝擊，內心洋溢著對古今中外文化的熱愛，他們窮其一生，潛心研究，著書立說。歲月的流逝、現實的苦樂、深刻的思考、智慧的光芒均流淌於他們的字裡行間，也呈現於那些細緻翔實的圖表中。在書籍紛呈的今天，再次翻開他們的作品，我們仍能清晰地體悟到當年那些知識分子發自內心的真誠，蘊藏著對國家的憂慮，對知識的熱愛，對真理的追求，對人生幸福的嚮往。這些著作，可謂是中華歷史文化長河中的珍寶。

民國圖書，有不少在新中國成立前就經過了多次再版，備受時人稱道。許多觀點在近一百年後的今天，仍可說是真知灼見。眾作者在經、史、子、集諸方面的建樹成為中國學術研究的重要里程碑。蔡元培、章太炎、陳柱、呂思勉、謝無量、錢基博等人的學術研究今天仍為學者們津津樂道；魯迅、周作人、沈從文、丁玲、梁遇春、李健吾等人的文學創作以及傅抱石、豐子愷、徐悲鴻、陳從周等人的藝術創想，無一不是首屈一指的大家名作。然而這些凝結著汗水與心血的作品，有的已經罹於戰火，有的僅存數本，成為圖書館裡備受愛護的珍本，或成為古玩市場裡待價而沽的商品，讀者很少有隨手翻閱的機會。

鑑此，為整理保存中華民族文化瑰寶，本社從民國書海裡，精心挑出了一批集學術性與可讀性於一體的作品予以整理出版，以饗讀者。這些書，包括政治、經濟、法律、教育、文學、史學、哲學、藝術、科普、傳記十類，綜之為民國文存。每一類，首選大家名作，尤其是對一些自新中國成立以后沒有再版的名家著作投入了大量的精力，進行了整理。在版式方面有所權衡，基本採用化豎為横、保持繁體的形式，標點符號則用現行的規範予以替換，一者考慮了民國繁體文字可以呈現當時的語言文字風貌，二者顧及到今人從左至右的閱讀習慣，以方便讀者翻閱，使這些書能真正走入大眾。然而，由於所選書籍品種較多，涉及的學科頗為廣泛，限於編者的力量，不免有所脫誤遺漏及不妥當之處，望讀者予以指正。

目　錄

衞賽(M.W. de Visser)　戴温達克(J.J.L. Luyvenduk)
哈克曼(Heinrich Friedrich Lic Hackmann)　蒐集刊物
3. 德意志　克拉勃羅德(Heinrich Julius Klaproth, 凡二節)
雪來福(F. von Schlegel) 與包布(Franz Bopp)
雪來衞(W. von Schlegel) 與拉森(Christian Lassen)
古滋拉夫(K.F. Augustus Güt zlaff)　內曼(K.F. Neumann)
西伯爾德(Philip Fraz von Siebold)　李希霍芬(F.F. Richthofen)
曉特(Wilhelm Schott)
甲柏連(Hans Georg Conon von der Gabelentz)
葛魯貝(Wilhelm Grube)　司喬士(Von Strauss)
東方語言學校(Seminar für Orientalische Sprache)
哥羅德(J.J. de Groot)之來　德福蘭閣(Otto Franke)
衞巴(Albrecht Friedrich Weber)　皮休耳(Richard Pischel)
劉德爾斯(Heinrich Lüders)　雷興(Ferdinand Lessing)
孔好古(August Conrady)　衞禮賢(Richard Wilhelm)
佛爾克(Alfred Forke) 與顏復禮(F. Jöger)
施翰基(Hans O.H. Strange)　鄂登堡(Hermann Oldenberg)
艾維耐(Werner Eichhorn)　雅各必(Hermann Jacobi)
蓋卡(Ludwig Wilhelm Geiger)　加爾貝(Richard von Garbe)
貝特林(Otto von Böhtlingh)
哈木兒(Joseph Freiherr von Hammer - Purgstall)
郝鶴榧(Karl Haushofer)　愛伯華(W. Eberhard)
哥隆維德(Albert Grünwedel)　勒苛克(Le Cog)
米勒(Friedrich Wilhelm Karl Müller)　曲梅路(Otto Kümmel)
郝爾(F. Hauer)　葛老氏(F.E. Krause)　柴克(E. Zach)
孔舫之(Franz Kuhn)　羅安圖(Arthur Elder von Rosthorn)
衞特尼斯(Moriz Win-ternitz)　蒐集刊物
4. 英吉利　司當東(Geolge Leonard Staunton)
馬禮遜(Robert Morrison) 米憐(William Milne)
約翰(William Jones)　高普洛克(H.T. Colebrooke)
威爾遜(H.H. Wilson)　中華研究之盛　理雅格(James Legge)

叙言

東方研究史東方 (Orient) 一語，包含中國、日本、印度三文化區，與西洋相對。以東方研究為對象之科學，即所謂東方學 (Orientology), 包括文化、自然各方面。其最要者，則以中國史地為關鍵。三餘之暇，從事考究，略得端倪，分為七章以述之。

第一章提要　歐西文獻早有東方之知識，關於中國者，紀元前後，有二系統，一曰賽里加 (Serice)、賽里斯 (Seres) 之系統，由於阿爾泰語絹字之轉音，傳自陸路，賽里加指中國地而言，賽里斯指中國人而言。一曰秦 (Sin)、秦尼 (Sinai) 之系統，由於秦始皇統一中國後之名稱，傳自海路，秦指中國地而言，秦尼指中國人而言。六、七世紀，又有二稱，一曰陶格司 (Taugas), 始於北魏拓跋本姓，傳自陸路；一曰秦尼斯坦 (Chinistan), 仍始於秦字，傳自海路。

第二章提要　自七世紀初至八世紀，阿拉伯人隨回教之興盛，東西伸張其勢力，因國土廣袤，郵驛完備，聖地麥加之巡禮、陸海通商之旺盛，更促進其地理學之進步，於是中國知識，乃輸入焉。直至十二世紀，東方知識，久為阿拉伯人所專有。

第三章提要　十三世紀蒙古勃興，亞歐交通復開，東方事情，乃再傳於歐西。復因歐洲盛傳極東有景教君主，遂引起歐人東方旅行之興趣，西人之東方知識一新。

第四章提要　蒙古勃興之後，至十四世紀中葉，東西交通猶盛，東方知識，仍傳播於歐西。及蒙古內鬨，漸近衰微；明初排擊西教，加以中亞西亞回教復興，東西因有阻隔，然間接傳聞，未嘗絕也。

第五章提要　從來歐人關於東方知識，多得於旅行之見聞，或事業之報告，至十六世紀，東印度航路發現，耶穌會士東來，於東方文物，始進於研究之域。

第六章提要　十八世紀，典禮問題發生，遂提高歐洲本土之極東探索，各教士皆為擁護已派，詳細研究中國禮俗，其報告論戰，甚刺激歐洲宗教界，東方研究，因而愈盛。

第七章提要　東來教士及歐洲本土學者相偕並進，至十九世紀，東方學於焉確立。科學思想日益發達，殖民政策日益繁盛，迺有大學之講座、專門之學會、典籍之巨量庋藏，定期、不定期之刊物，名家輩出，討論益臻精詳焉。

寅不揣譾陋，述其發展過程及其近況，考其原始，探其背景，輯成一書。尚希並世學人，有以正之，是所幸矣。

中華民國三十二年癸未春日莫東寅謹識

第一章
古代及中世初期（先秦至隋）歐人關於東方之知識

東西兩世界之交通乃至文化之交流，其存在遠自有史以前，因近年亞洲考古學之進步乃益明。據瑞典地質學者安特生 (J.G. Andersson)、日本考古學者濱田耕作等之研究，新石器時代後期，華北各地與南俄脫里波留 (Tripolije) 地方，多惱 (Donau) 河下流方面之間，已有文化之交流。安特生及中日兩國考古學者於河南、山西、遼西等遺蹟所發現之新石器時代彩色土器與美國本伯利 (Raphael Pumpelly) 等於中亞安諾 (Anau) 所發掘之同種彩色土器及法蘭西摩爾甘 (J. de Morgan) 等於波斯故都蘇薩 (Susa) 所採集之彩陶，其間一脈相通，决非單純之偶然一致。且安諾 (Anau) 蘇薩 (Susa) 之出土品與前記東歐地方之出土品頗為類似，足徵東西交通，開始之早。

然文獻上，有關於東方——尤其關於中國之知識之歐洲最初民族為希臘人。據希羅多德 (Herodotos, A.C. 48 頃生) 所著史記，紀元前七世紀時，自今黑海東北隅頓河 (Don. R.) 河口附近，經窩爾加 (Volga) 河流域，北越烏拉爾 (Ural) 山脈，自額爾齊斯河 (Irtish R.), 而入阿爾泰、天山兩山脈間之商路，已為希臘人所知；其後紀元前三世紀至二世紀之地理學者，多以裏海 (Caspian) 為海灣。而希氏已知其為陸地所圍，希氏嘗赴波斯，波斯極東之州印度，為彼所知世界之東端，雖於印度，僅知印度河 (Indus R.), 但知印度人數，多於其他民族，以為印度河流域之東，沙漠地帶為人住世界之邊境。至於區分世界為亞細亞 (Asia)、歐羅巴 (Europe) 一事，希氏雖謂以地中海、黑海為界，然不詳其所由來，足徵起源之早。當時詩人阿利斯梯阿斯 (Aristeas) 且有關於天山南路住民伊勢頓 (Issedon)、北蒙地方住民阿利斯麻斯比亞 (Arismaspeia) 之知識焉。則關於中國之知識，難謂未嘗西傳也。

新石器時代之遠古，東西文化之交涉，似已存在。其後存續痕跡無徵，似曾中斷。及紀元前六世紀、五世紀之交，東西接觸，再行開始，西方波斯之阿基美尼 (Ashaemenid) 王朝勃興結果，在英主大流士 (Darius) 王之下，成立東自印度西亙歐洲之大帝國；與春秋戰國時代之中國，交涉極盛。其文物——尤其思想學術之流入黃河流域，已成定論。同時關於中國之知識，亦必傳入伊蘭 (Iran) 高原；因當時波斯與希臘諸市間不斷抗爭，故傳入波斯之中國關係之知識，必更西漸，以至希臘；但文獻無徵，難確言耳。

希羅多德 (Herodotos) 之後，記東方之希臘人，有克泰夏斯 (Ctesias), 據云為歐洲人士最先記中國者。克氏之作，約在紀元前四百年（周安王時），謂賽里斯 (Seres) 人及北印度人身體高大，達十三骨尺 (Cubits, 每骨尺，由肘至中指之末端)，壽達二百歲。格忒羅斯 (Gaitros) 河畔，有人，弓箭不能入。印度海中有島，島人皆有長尾，所言荒唐無稽，恐為後人偽託，未足信也。

亞力山大 (Alexander) 大王之遠征 (A.C. 334~A.C. 326) 使希臘人地理上之限界，顯著擴大。大王深知學問之價值，軍旅中，參加有記錄征服者之進路及功績之歷史家及蒐集地理學、自然科學新資料之學者，然此等歷史家之遠征史，既不足信；學者之記錄，亦不足媲美

於希羅多德 (Herodotos)。亞力山大征服之地卽波斯帝國故地，當時關於中國，必有所傳，不幸希臘史家未嘗筆之於書，今無從考矣。關於亞力山大以後之居住亞細亞之希臘人歷史之報告，益行缺乏。

賽流柯斯一世 (SeleukosⅠ) 為調查既經希羅多德解决之裏海地方地理，所派之巴特路克爾斯 (Patroclus), 僅踏查其南岸，謂其北部接連大洋，此逆行之見解，直至羅馬時代，支配希臘學界。

斯時，賽流柯斯一世 (SeleukosⅠ)已據波斯及叙利亞等地，欲拓境印度,與支配印度恆河 (Ganges) 流域之旃陀羅笈多 (Tshandragupta Sandrakottos) 起爭端，旋議和，遣梅格斯太內斯 (Megasthenes) 為駐華氏城 (Pataliputra) 大使，梅駐其地五年，考問風俗、政治、組織及文明事業，皆有詳細記載，為現存希臘文獻中關於印度報告之最詳確者。

亞力山大遠征所得之地理資料，旋於希臘學界之中心，埃及之亞力山大利亞成一體系，其中最值注目者，為德克阿爾克斯 (Dichaearchus) 之説，謂亙亞細亞大陸全體，有東西連亙之大山脈，隔絕南北。

羅馬時代，於歐人對東方交涉史上，有重要意義，隨羅馬之勃興，希臘文化光被之諸地方，統一於羅馬政權下，希臘、羅馬文化擴大於西歐結果。造成東方 (Orient) 一概念，與希臘、羅馬世界卽歐羅巴世界對立之特殊世界也。此意義之東方，始見於羅馬之著述家，同時亞細亞一名，為表示位於阿非利加、歐羅巴以東之世界。然羅馬人所有東方關係之現實的資料，殆無異於希臘人，新資料僅依龐培 (Pompeius) 經黑海、裏海間往高加索地方遠征所得地理學之資料而有所增益，然對於裏海，未嘗確立正確之概念也。

地理學之勞作，頗受羅馬政府需要之影響。當其與安息 (Parthia) 人開戰也，政府努力於調查横斷安息之軍道及貿易路，傳於今者，有伊西竇爾斯 (Isidorus, 約紀元元年時人) 編纂之道路指南，所記自幼

發拉底斯 (Euphrates) 河畔至阿拉克西亞 (Arachosia) 之亞力山大利亞即今之堪達哈 (Kandahar)。此方面文獻之其他遺物，有波底加 (Peutinger, 紀元二世紀) 之表 (Tabula Peutingeriana), 皆現存之根本資料。

略記中國位置、住民、物產之文獻，蓋始於西歷紀元前後。當時關於中國名稱，有二系統：一曰賽里斯 (Seres)、賽里加 (Serice) 之系統，專傳自陸路，時代較早；賽里斯 (Seres) 指中國人，賽里加 (Serice) 指中國之地。一曰秦 (Sin, Thin)、秦尼 (Sinai, Thinai) 之系統，主要傳自海路，時代較晚；秦 (Sin, Thin) 指中國之地，秦尼 (Sinai, Thinai) 稱其住民。

斯脫拉波 (Strabo, A.C. 63~A.D. 25) 之《地理書》(*Geographica*), 確實記載賽里斯 (Seres) 一名最早文獻之一也。是書成於紀元後第一世紀初期。斯脫拉波者，希臘之地理家也，嘗周遊四方，有遊記之作，亦引用克泰夏斯之記載。據云，借自俄內錫克力突斯 (Onesicritus), 而俄則為馬期頓亞歷山大大王部將，卒於西曆前三二八年（周顯王四十一年，秦惠文王十一年）也。上方之記載，縱為僞托，而其時期亦必甚早，在秦始皇統一中國以前也。斯脫拉波之書亦以裏海為海灣，又記拔克脫利亞 (Bactria, 中國人稱之為大夏) 諸王事情曰：“諸王拓其疆宇至賽里斯及佛利尼 (Phryni) 國而止。”此一節為眞確史事，蓋希臘王朝在拔克脫利亞者，漢朝文景之時，已為大月氏所滅，月氏人勢力一時頗振，其疆宇東至葱嶺而止，與漢之西域都護所治境域相接，斯脫拉波沿用拔克脫利亞之舊名，以稱月氏人也。唯賽里斯 (Seres)、賽里加 (Serice) 之名稱，未必以斯脫拉波 (Strabo) 為初見，徵以紀元前一世紀羅馬詩人馬羅 (P. Vergilius Muro, A.C. 70~A.C. 19)、夫拉克斯 (R. Horatius Flaccus, A.C. 65~A.C. 8)、那索 (P. Ovidius Naso, A.C. 43~A.D. 17) 等人作品中之屢屢引用可知。

羅馬一代，以博學洽識之士著聞之白里內 (C. Plinius Secundus, A.D. 23~A.D. 79)《博物志》(*Naturalis Historia*, *Natural History*) 關於中國之住民及其特產絹織品等，有所記載；且錄賽里斯 (Seres)、賽里加 (Serice) 之名。謂："林中產絲，馳名宇內，絲生於樹葉上，取出，濕之以水，理之成絲，後織成錦繡文綺，販運至羅馬，賽里斯人和厚可親。"

紀元五十年前後之著（？）梅拉 (Pomponius Mela) 之《地理書》(*De Situ Orbis*) 亦於賽里斯 (Seres) 名下，略記中國事情曰："亞細亞極東有印度人、賽里斯人 (Seres)、西梯亞人 (Seythians), 印度人處極南，西梯亞人處極北，而賽里斯人則居中部……塔比斯山 (Thabis) 懸峙海岸。距此甚遠，則有桃魯斯 (Taurus) 高嶺。賽里斯國卽界居二山之間。其人誠實，世界無比。善於經商，唯交易時，不以面相視，遺貨於沙磧中，以背相對也。"

Seres、Serice 兩字，皆出於西方稱中國繒絹之 Serikon、Secirum. 中國名產之絹，早為歐西社會所喜，古來經索格德那 (Sogdiana)、安息 (Parthia) 之商人，輸往西方。商人之獲巨利與希臘、羅馬士女之珍愛繒絹，歷史上著名事也。因絹字而呼其產地，名其產出者焉。然則 Sares[1]、Serice 之語原，果何自乎？中國名產之絹，希臘人稱之曰 Ser (Serikon), 羅馬人稱之曰 Sericum. Seres、Serice 二字，蓋出於此。世人多以為表示絹意之 Ser、Serikon、Sericum 等字，出於 Seres、Serice 者，蓋誤。然 Ser、Serikon、Sericum 等字果自何字轉訛？尚無定論。似非出於中國語，而出於中國西邊從事於絹貿易之阿爾秦語族之絹字。絹，蒙古語曰 Sirghek, 滿洲語曰 Sirge, 蓋生絲帶微黃色，此字似因其色澤，出於表示微黃之蒙古語 Siragha、Sharagha 等字。古波斯語

❶ "Sares"即前文"Seres"。——編者註

謂絹為 Saragh 者，乃借用此等阿爾語。土爾其語 Sarigh（黃色），昔或有微黃義，或有自此分派發生之絹字。今俄文謂絹為 Shilku, 亦借自阿爾泰語，而非出自希臘語。

以上所述，關於中國之知識，隨其名產絹之西傳，聞諸歐人之間。自西歷紀元前後，以賽里斯 (Seres)、賽里加 (Serice) 之名，見諸載記。同時，又別以秦 (Sin, Thin)、秦尼 (Sinai, Thinai) 之名，稱中國及中國人焉。

《愛脱利亞海周航記》(*Periplus Maris Erythraei*, *Periplus of the Erythraean Sea*) 從來謂為二世紀前半希臘史家阿里諾 (Arrianos) 所著，實際乃出於無名作者之手，年代甚古，大體可視為紀元一世紀末。愛脱利亞海，為紅海之義，其範圍較今紅海，所大甚多，所指自波斯灣，亙印度洋，迄錫蘭島附近。謂：“過克利斯國 (Chryse) 抵秦尼國 (Thinae) 後，海乃止。有大城曰秦尼 (Thinae), 在其國內部，遠處北方，由此城生絲、絲線及絲所織成之綢緞經陸道過拔克脱利亞。而至巴利格柴 (Barygaza), 更由恒河水道而至李米里斯 (Limyrice, 不可考) 。其地距此甚遠。”見於《周航記》之秦尼 (Thinae) 名稱，似傳自經陸路入印度之秦國號，其所記，似專指今之華北地方。

Seres、Serice 之類，主要通過陸上貿易路西傳；Sin、Sinai 等字，則主要依海路西傳，已如前述。Sin、Sinai 等字，乃源於秦，紀元前三世紀之終 (A.C. 221), 中國始有強大之一統王朝，威勢遠振，王朝之名——秦，實 Sin、Sinai 等字之所從出。Sin、Sinai 等名稱之起源，從來東西學者間異説紛如，德國李希霍芬 (F.V. Richthofen) 之日南説，法國拉克伯里 (T. de Lacouperio) 之滇國説，一時甚盛，但非的解，仍以脱化於秦之一説為確清初耶穌會傳教師衛匡國 (Martin Martini) 首唱之；近年翟理斯 (H.A. Giles) 繼之；最近伯希和 (P. Pelliot) 充分論證之。不世之雄秦始皇帝，承七國抗爭之後，始創強盛集權之帝國，其名聲振於宇內，始皇殂落，炎漢代興，然外民族仍以秦呼中國，指中國人為秦人焉，匈奴民族西域諸國皆然。是稱傳至印度，變秦 Ch'in 為梵語形至那、斯那、脂那 (China)，或稱莫訶至那、摩訶支那 (Mahachina)。但如此廣傳於隣接諸國，果在秦之存在期間卽紀元前三世紀末十數年間 (A.C. 221~A.C. 206) 乎？否乎？頗屬疑問。秦之稱號，始皇後百餘年，紀元前二世紀後半，漢勢大興，隨武帝之遠征，乃傳諸邊遠之地歟？秦之稱號，不傳於秦代；後之漢代，反被稱以舊名，决不足奇。如拓跋氏 (Tabghach) 亡後甚久，唐仍以舊名稱之；契丹 (Kitai) 滅後，俄人至今仍以此名稱中國，是其例也。故秦之名稱，至漢流傳益廣，北用於匈奴；西以張騫之鑿空，自中央亞細亞傳諸西北印度；西南以四川、雲南之經略——卽所謂西南夷之招撫開發，而傳至東北印度；南方以海上交通之進展，自印度支那半島，而達於南印度焉。夫如是，則前述 Sin、Sinai 之稱主要自海上西傳，實則不僅依海上交通，蓋一面與 Seres、Serice 踏同一徑路，一面又由其他陸路，一度擴至印度方面，但最後傳之於歐洲者，確係從事於埃及、美索不達尼亞及印度間通商航海之商人及水夫之輩，故謂此系名稱自海上西傳者，可解作由種種路線一度傳至印度，更依航海者齎至西方焉。此事，Sin、Thin、Sinae、Thinae 等字之語頭音更足以表現之。當時從事於埃及、印度間航海貿易者，主要為阿剌伯人，彼等言語中，無 Ch 音，故 Chin 訛作 Sin、Thin，更自此發生 Sinae、Thinae 等字。總之，此系名稱，見諸上述紀元一世紀末 (A.D. 80~A.D. 89) 之《愛利脫利亞海周航記》(*Periplus Maris Eythraei*) 及二世紀中期之拖雷美 (Ptolemaios) 《地理書》中之據馬利奴斯 (Marinos) 著作之部分；五世紀希臘地理學者馬爾基諾 (Markianos) 之著述等，皆從事於印度洋、波斯灣等地航海者之所記或祖述之者，自暗示其西傳路徑。

據以上所述，Sin、Sinai 系統之名稱，至早溯至秦始皇帝之統一中國也甚明。但有反對之說在。第一說以見於《舊約全書》以賽亞(Isaiah)書第四十九章之西尼姆 (Sinim) 國，為指中國而言，考狄(Cordier) 諸大家贊成之，但其所指，不過柏來斯丁 (Palestine) 東方或南方遠隔之地；是否中國，毫無根據，拉克伯里 (Lacouperie) 力排之者是也。第二說謂中國之名早傳至印度之說也。摩訶巴刺塔 (Mahabharata) 之支那 (China) 為中國,《摩奴 (Manu) 法典》之支那斯(Chinas) 為中國人,拉森 (Lasson) 唱之;或謂攷鐵利亞 (Kautiliya) 所載支那 (Cina) 為中國,賈科必 (Jacobi) 唱之,但不免為一種假說,乏確實典據，不足憑也。

一五〇年時（漢桓帝時）有拖雷美 (Klaudius Ptolemaios) 者，通天文、曆算、地理諸術，其《地理書》即於是時著成，為古代偉作，後世學者多依據之。記裏海四周有陸地環繞，賽里斯國西界西梯亞國(Scythia), 在伊毛斯嶺外，北東皆界無名地 (Terra Incognita), 南界印度恒河 (Ganges) 東岸地。秦尼國北界賽里斯東鄙，東及南皆界無名地，其西界印度恒河邊地、大海曲、泰利俄特斯海灣 (Thetiodes) 及秦尼灣。秦尼灣畔，有黑人，專食魚。更記黃金島克力勢 (Chryse) 及加其嘎拉 (Kattigara), 或謂為今馬來半島及河內，未足信也。秦尼(Sinai, Thinai) 之部分錄自地理學者馬利奴斯 (Marinos) 之著書,已如前述。馬利奴斯又基於馬其頓商人梅斯亦名梯家奴斯 (Mais, Titianos)之所傳，梯家奴斯屬下商人常赴印度方面，其所見聞，頗足徵信。所傳似得自中國南海岸方面之知識，據拖雷美 (Ptolemaios) 所述，秦尼(Sinai, Thinai) 之國似指今之華南，因其所述秦尼 (Sinai) 人北隣賽里加 (Serice) 故也。

馬爾基阿奴斯 (Markianos) 為希臘地理學家，紀元四〇〇年（東晉安帝隆安四年）時，編東西兩洋志二卷，相傳參考多數古籍，但最低關於中國方面，不過拖雷美之脫胎換骨。亦以賽里加 (Serice) 與秦

尼 (Sinai) 為不同之地，以前者在北，後者在南，南北異稱，同諸拖雷美。

養蠶之術，三世紀後半，包撒尼雅斯 (Pausanias) 始明言生絲之產出全依昆虫之飼育，略傳養蠶之術焉。六世紀之柏洛科劈斯 (Procopius, de Bello Gothico) 嘗記蠶種輸入東羅馬事情，曰："印度國僧人，献策於哲斯丁皇帝 (Emperor Justinian) 由印度取其卵，而復至比散丁姆 (Byzantium), 由是羅馬境內亦知製絲方法矣。"第六世紀之末（宇文周時代），比散丁姆人梯俄方內斯 (Theophanes) 亦記蠶種傳入事曰："哲斯丁皇帝在位時，波斯人某藏蠶子於行路杖中，携至比散丁姆云。"

但此等名稱，旋絕跡於希臘、羅馬學者之間，而印度一名，多誤甲以指尼羅河以東之地。蓋紀元五世紀時，歐洲之地理學，完全停頓，且日見退步衰頽所致。揆其原因：三世紀之初，波斯薩贊王朝 (Sassan Dynasty) 興，東羅馬帝國勢力之東方伸張不易，因之頗難豐富其新知識，一也；四世紀基督教成為羅馬帝國之國教，學界興味，集中神學，殆無遐顧及其他學問，二也；因北狄馬其頓、東夷芬之侵寇邊境，集議對策，日無遐晷，致無從事學術研究之餘裕，三也。但於此有二三例外，卽印度航行者世界誌家 (Cosmas Indicopleustes) 亞力山大利亞僧侶之君士坦丁諾斯 (Konstantinos) 及東羅馬帝國黃金時代之比散丁 (Byzanz) 史家三巨星阿哥其斯 (Agatias)、梅南竇 (Menandros)、席摩喀塔 (Theophy Iaktos Simokatta) 諸家是也。阿哥其斯 (Agatias) 傳波斯之風俗習慣，與中國無關。梅南竇 (Menandros) 乃關於中國之新名稱知見之介紹者。古典時代 (Classical age) 卽所謂阿其克 (Antike) 時代關於中國之事物，一則主要自陸上貿易路，傳至歐西，以賽里斯 (Seres)、賽里加 (Serice) 代表之知識也；一則主要自海上交通路，傳至歐西，以秦 (Sin)、秦尼 (Sinai) 代表之知識也。此時代亦若是也，自兩路傳入兩種新知見焉。海路之代表為科斯麻士 (Cosmas) 即君士坦丁諾斯 (Konstantinos); 陸路之代表為梅南竇 (Menandros) 及席摩喀塔 (Theophylaktos Simokatta), 唯斯時也，前代之中國知識，亡佚殆盡，此際傳入之事情與前代之賽里斯 (Seres)、賽里加 (Serice) 乃至秦 (Sin)、秦尼 (Sinai), 毫無關係焉。然此時中國事情自海陸兩方面西傳之理由，果安在哉？前者因薩贊朝波斯英主獎勵東方航海，中國、印度方面之海上貿易頓盛；後者因西突厥興於中亞，土爾其民族與東羅馬帝國間起直接之交通所致也。

科斯麻士 (Cosmas Indicopleustes), 本名曰安谷 (Antiochia) 之君士坦丁諾斯 (Konstantinos), 希臘人，初似為商人，航於紅海、波斯灣、依梯俄皮亞海灣 (Ethiopic Gulf)、印度洋，且似乎達於錫蘭島。加獨自之地理學說於所得之見聞，著《基督教世界地理》(*Christianike Topographia periektike pantostou Kosmou, Topographia Christiana Universa I*，基於基督教教說之世界地理之意) 一書。乃其成基督教僧侶後自五三〇年（梁武帝中大通二年）至五五〇年（梁簡文帝太寶[1]元年）間撰述於亞力山大利亞者也。稱中國為秦尼策國 (Tzinitza), 又為秦尼斯達國 (Tzinista)。印度古代稱中國為秦那斯坦那 (Chinasthana), 波斯人曰秦尼斯坦 (Chinistan), 長安大秦景教流行中國碑上之敘利亞文，稱中國為秦尼斯坦 (Tzinisthan), 亞美尼亞人曰哲那斯坦 (Jenasdan), 數名皆同一語源，由海道傳播至西方者也。科斯麻士 (Cosmas) 書中並未詳述中國、錫蘭及兩國中間之地理，然明指二國相去甚遠，間有丁香國，因盛產丁香故得名。由中國及中間地，運至錫蘭之商品中，有絲、伽羅木、丁香、檀香等。科斯麻士可謂為希臘、羅馬第一著作家，記述中國由於眞正事實，脫離古代半神話之風者也。記載雖

[1] “太寶”當爲“大寶”。——編者註

不詳，然已示大進步矣。波斯人與他國人之通商貿易，古來專依陸路，對海上發展之冷淡，亦其國民性之一特徵也。但薩贊朝第一傑主哥士婁一世 (Khusrau[Khosroes] I) 之立也，東與突厥合力，破嚈噠；南於海上大展國力，領南部阿拉伯，遠及錫蘭，此波斯史上空前絕後之偉績，其結果由科斯麻士 (Cosmas) 之書可窺見焉。

突厥二字，普通謂為 Türk 之音譯，據伯希和 (P. Piliot) 之說，為其近隣蒙古系統民族如柔然（蠕蠕、茹茹）等稱 Türk 民族之複數形 Türküt 之音譯。乃後世所謂土爾其民族之一種，至土爾其民族之汎稱，亦實起自突厥族強盛之後，但五世紀，即中國南北朝時，臣事柔然，天山、阿爾泰間之一遊牧民耳。五四六年（梁武帝中大同元年）間，酋長土門 (Tumen[Ili]Qarau) 在位，有勇略，南破高車，併其部落五萬餘衆，國勢大振。求婚於柔然，頭兵不應，又辱之，土門怨，乃自立為伊利可汗，擊柔然，大破之。土門殂，子科羅立，號乙息記可汗。且死，捨其子攝圖而立其弟俟斤，是為木杆可汗，勢益強。五五五年（梁簡文帝大寶元年）[1]，遂滅柔然，乃西破嚈噠，南降吐谷渾，東攘契丹，北併結骨，於是突厥屬土，東至遼海，西至西海，南併青海，北包貝加爾湖，東西長萬餘里，南北闊五六千里皆屬焉。木杆殂，復捨其子大邏便而立其弟，是為佗鉢可汗，佗鉢以兄乙息記可汗之子攝圖為爾伏可汗，統東方；又以其弟褥但之子為步離可汗，統西方。五八一年（隋文帝開皇元年），佗鉢病且死，命其子菴邏避大邏便。佗鉢殂，國人竟立菴邏，大邏便不服，菴邏不能制，讓位於攝圖，攝圖代立，雄勇得衆心，號沙鉢略可汗，居都斤山（當在外蒙古抗爱山附近）以統東方諸國，菴邏降居獨洛水（今外蒙古土拉河）稱第二可汗，以大邏便為阿波可汗，還領所部，又命從父玷厥居西方，建

---

[1] 公元555年爲梁敬帝紹泰元年，北齊天保六年，西魏恭帝二年。據《北史》記載，突厥滅柔然於555年，故“梁簡文帝大寶元年”不確。——編者註

牙千泉（在今俄領中央亞細亞搭拉斯河上流）以統西方諸國，稱達頭可汗，於是突厥分為數部，當時波斯王哥士婁一世 (Khusrau Ⅰ) 善用兵，突厥與之連和，合攻嚈噠，擊滅之，索格德那 (Sogdiana) 沃地，全歸突厥。旋與波斯失和，五六八年（陳臨海王光大二年），沙鉢略與東羅馬連和，夾攻波斯，擴張領土。

此時歸突厥領之索格德那 (Sogdiana) 商賈，從來販賣中國絹於波斯，及至新領主與波斯相爭，乃另覓販路於東羅馬帝國，經突厥許可，遣使於比散丁 (Byzanz)，悃誠請願於皇帝哲斯丁二世 (Justinian Ⅱ)，帝於五六八年（陳臨海王光大二年）允之，並東派使節，其首班為蔡馬庫斯 (Zemarchos)，一行至突厥領內，謁可汗，甚蒙優遇，又參加可汗征討波斯之役，伴突厥之答禮使及四周諸小國之使節歸比散丁 (Byzanz)。此蔡馬庫斯 (Zamarchos) 之奉使紀行實載於梅南竇 (Menandros Protoktor) 之《史記》中，因此，東羅馬使節直接見聞之突厥風俗習慣，乃詳傳於西人之間。

自此東西羅馬與西突厥驟加親密，合力以當波斯，爾來數次交換使節，繼續聯盟之行動。然其後東派使節之見聞，不幸後世無傳焉。蓋當時既無記錄，爾後亦無擴充此方面之知識者。但此時與突厥之交涉頻繁，比散丁 (Byzanz) 人士有往來其地者，關於中國之知見，雖極空漠，而經突厥傳入歐西一事，頗堪注目。載之者為席摩喀塔 (Theophylaktos Simokatta) 之《莫利斯 (Maurice) 皇帝大事記》。席摩喀塔五八〇年（陳宣帝太建十二年）生，埃及出身之史家，初承家學，習法律，後志史學，六三〇年（唐太宗貞觀四年）前後歿。莫利斯 (Maurice) 以五八二年（隋文帝開皇三年）即位，崩於六〇二年（隋文帝仁壽二年）。恰與席摩喀塔同時，故其所記，多係親自見聞，不然，亦基於正確之官府文書，後世論比散丁 (Byzanz) 文學者，皆推此書為最良典據，有由然也。其書中指華北曰陶格司 (Taugas)，其都市曰庫伯丹

(Khub[m]dan)。其國有大河二分之，嘗相抗爭，今歸於一云。是正為中國以楊子江為境分南北朝事，今歸於一者，則指隋唐之統一。故所謂陶格司 (Taugas) 者，傳北魏拓跋本姓者也。此陶格司 (Taugas), 自上代知識觀之，止相當於賽里斯 (Seres) 住地之賽里加 (Serice), 但久被遺忘，東羅馬人士無關聯考定之者，而對於傳自海路之新名稱秦尼斯坦 (Tzinisthan), 亦未嘗視為同地也。

如是，東羅馬帝國之中國知識，南則以六世紀之科斯麻士 (Cosmas); 北則以六世紀之梅南竇 (Menandros); 七世紀初之席摩喀塔 (Theophylaktos Simokatta) 等人著述為殿，其後無顯著進步。此則東羅馬及突厥長年戰爭，兩皆疲弊；而東西洋，為乘間與回教同時興起之阿拉伯勢力所遮斷，極東事情西傳之機緣以失故也。是以此時代關於極東之知識，殆為阿拉伯人所專有，歐西地方與之對峙抗爭，交通杜絕，乏轉傳之便，此阿拉伯人之東方知識，後世歐西甚注意之，為次代歐人極東知見之寶庫焉。

參考文獻

一、本章全體之參考書：

1. 張星烺：《中西交通史料匯編》，輔仁大學叢書第一種，民國十九年五月版。

2. 石田幹之助：《歐人の支那研究》，《現代史學大系第八卷》，昭和七年四月，共立社版。

3. 岩村忍：《十三世紀東西交涉史序說》，昭和十四年九月，三省堂版。

4. Sir Henry Yule, Cathay and the Way Thither, New Edition by H. Cordier. Vol 1: Preliminary Essay on the Intercourse between China and the Western Nations previous to the Discovery of the Cape Route. London, 1915.

5. V. Bartol'd (W. Barthold) Istoriya izucheniya Vosteka v Europe i Rossii, izdanie 2-oe. Leningrad 1925. 德譯本 Die geographische and historische Erforsung des Orients mit besonderor Berücksichtigung der russischer Arbeiten Aus dem Russischen ü bersetzt von Dr.E. Ramberg-Figulla(Quellen und Forschungen zur Erdund Kultur kunde, Ⅷ) ，Leipzig, 1913.

6. Ferdinand Freiherr von Richthofen, China. Ergebnisse eigen erReisen und darauf gegründeter Studien. Bd.I. Berlin, 1877. (LI. Abschnitt: Entwickelung der Kenntniss von China)

7. G F. Hudson, Europe and China. A Survey of Their Relation from the Eariest Times to 1800. London, 1931.

8. Richard Henning, Terra incognitae, BIIILeiden, 1938.

9 . Sir Percy Sykes, The Quest for Cathay, London, 1930.

二、石器時代中西交通之議論，肇端於安特生 (Andersson) 之發現彩繪土器，參看：

1. J.G. Andersson, An Early Chinese Culture(Bulletin of the Geological Survey of China, V, I, 1923).

2. ——，The Cave Deposit at Sha Kuo Tun in Fengtien (Palaeontologia Sinica, Ser. D, I. 1, 1923).

3. ——，Preliminary Report on Archaeological Research in Kansu (Mem. Geol. Surv. Ch., Ser, A, V, 1925).

4. ——，Children of the Yellow Earth, London, 1934.

5. T.G. Arne, Painted Stone Age Pottery from the Province of Honan, China. (Palaeontologia Sinica, Ser. D, I, 2, 1925)

6. 濱田耕作，東亞考古學研究(1930) 所收壺。

三、關於脫里波留 (Tripolije) 出土彩色土器，參看：V.G. Childe, The Dawn of European Civilization. (Kegal Paul 之 The History of Civilizati on 叢書之一)

四、關於安諾 (Anau)，參看：R. Pumpelly, Explorations in Turkistan,

Washington, 2 Vols. 1908.

五、摩爾甘 (J. de Morgan) 之蘇薩 (Susa) 發掘報告，參看：J. de Morgan, Memoires de la dèlègation en Perse 1905 及 Mission scientifique en Perse, 5 tomes, 1894~1905.

六、關於阿基美尼朝波斯文物之影響中國，參看：H. MasPero. La Chine antique. (Paris, 1927) p. 697 以下，及其《先秦時代の支那に於けう西方文化の響影》(日本史學雜誌四〇之八，1929, 8).

七、關於中國名稱起原之諸說，介紹於 Yule-Cordier 之 Cathay, 1. pp. 2~7.

八、Classical writers 之傳記，參看：Paulywissowa 之 Realenzyclopädied. Altertumswissenschaften. Biographie universelle.O. Seyffert, Lexiconder Klassischon Alterthumskunde. Leipzig，1882. 此書增訂英譯之 A Dictionary of Classical Antiquities, Mythology, Religion, Literature and Art, 3 rd ed., London, 1894 及 Lippiucott 之人名辭典。

九、見於希臘、羅馬書籍之中國關係記載，Yule-Cordier 蒐集甚多。欲更求完璧，可參看：G. Coedès, Textes dauteurs grecs et Iatins relatifs a l'Extrême-Orient. Paris, 1910 為原文法譯對照。

十、研究《愛脫利亞海周航記》，可據 W.H. Schoff, The Periplus of the Erythraean Sea. New York, 1912. 英譯附詳註。

十一、關於拖雷美 (Ptolemaios) 所記克力勢 (Chryse) 及加其嘎拉 (Kattigara), 參看：M.L.W. Laistner, The Decay of Geographical Knowledge and the Decline of Exploration, A.D. 300~500 (Travel and Travellers of the Middle Ages, edited by A.P. Newton, London, 1930) . pp. 21~22.

十二、科斯麻士 (Cosmas) 之書，以 J.W. McClindle, The Christian Topography of Cosmas, an Fgyptian Monk. (Hakluyt Society Publication. 98) London，1897 為最便。Yule-Cordior, Cathay 拔粹其必要部分，乃

譯自希臘原文。極東關係部分之法譯與原文，皆見於 Coedès 之書，德譯則載於 K. Dieterich, Byzantinische Quellen zur Länder-und Völkerkunde. (5-15. Jhd) (Quellen und Forschungen zur Erd-uud Kulturkunde, Bd. V) Leipzig, 1912.

十三、載蔡馬庫斯 (Zemarchos) 之奉使突厥記事之梅南竇 (Menandros) 書之殘篇，不見於 Coedès 之書，但 Yule-Cordier 之 Cathay 1 有英譯及註，K. Dieterich 之書亦有德譯及註及 Theophylaktos 之中國關係之條。Menandros 之原文，收於 Müller, Fragmenta Historicerun Graecorum 第四册中，Theophylaktos 之原文，收於 Corpus Byzantinae Historiae，參考則 Yule-Cordier, Dieterich 諸氏之書已足。

第二章
中世後期（唐宋時代）阿拉伯人關於東方之知識

自七世紀初至八世紀，阿拉伯 (Arabia) 人之活躍，殊堪注目。其勢力，隨回教之興隆，東西伸張，跨西亞、北非、南歐之大薩拉森 (Saracen) 帝國，於焉出現。當時去野蠻未開之境未遠，文明程度與被征服之希臘人、波斯人及其他閃族 (Semitic Races) 殆不可同日而語。薩拉森帝國勢力強大，文化燦爛，然不過於新權力與新信仰下改容出現之薩贊朝文化與比散丁文化之繼續與融合。助成此新文化之創成者，實波斯人及希臘人，阿拉伯人非其主要者也。關於此點，從來史家多有誤解，近時蘇聯伊諾斯透蘭采夫 (F. Inostratseff) 等發表精審之研究以來，漸除舊見。但政權之支配者為阿拉伯人，且其宗教成為國教，故阿拉伯語為共通信仰之言語、共同文化之言語，而風靡一世焉。

阿拉伯人勃興之初，尚遠距開明之域，已如上述。國家結成告一段落時，以敘利亞人為介，以譯成敘利亞語者為基，開始翻譯希臘圖書，又得波斯人之助，用意於印度著述之迻譯，是蓋始自八世紀中葉哈利發・穆沙 (khalifa Mansui, 754~775) 之治世，先進諸國之思想技術流入混融於阿拉伯學術之肇端也。阿拉伯地理學受希臘之影響感化亦甚多，如謂人類生息地域，自南向北區劃為七地帶；又謂世界以東西連互之一大山脈分為南北二部，皆與拖雷美 (Ptolemaios) 無稍異者，其一例也。甚至保持歐洲既已廢絕之理論，是其缺點也。然阿拉伯地理學，決非希臘地理學之單純抄襲，識知之豐富正確，實其特色，而非希臘人所可望其向背[1]者。成於阿拉伯學者手之薩拉森帝國內地方志、都會志等，所記地文人文，既無不翔實精審；國外事情之記載，亦愈加詳密。蓋其國土廣袤，驛遞制度完備，聖地麥加 (Mecca) 之巡禮，陸海兩路通商貿易之旺盛，有以促成之。巡禮與信仰之告白、禮拜、斷食、喜捨為伊斯蘭 (Islam) 五基。回教徒除身體衰弱及經濟困難者外，一生有一至麥加之義務焉。當時，波斯、阿拉伯方面與印度、印度支那、東印度羣島以及極東中國方面之海上交通甚盛，從來東西交易，介以錫蘭島附近之地，今則發生直接關係，波斯阿拉伯商人自中國南海岸諸港，往來居住於揚子江沿岸商埠者甚多，中國船舶出現於波斯灣頭，自忽里模子 (Hormuz) 施那幃 (Sirâf, Shilâv), 溯幼發拉底斯 (Eupbrates) 河口，上下於巴斯拉 (Basra), 故東方知識，盛行流入；陸上與突厥、回鶻等北方民族及唐朝治下中國之關係，皆匪淺鮮。波斯阿拉伯商人自陸路商販於長安、洛陽、凉州、遼東方面者接踵。怛邏斯 (Târâz) 河畔之戰(751) 也，敗高仙芝兵，俘多數中國軍士；安祿山、史思明之亂也，從軍中華，參與戰事，於是關於中國及其塞外地方之知見，自陸路方面亦輸入焉。更進而知交通西藏之路，傳入額爾齊斯河 (Irtish R.) 上流地方之知識，自海路傳聞新羅倭國之名，足證阿拉伯人地理知識之廣汎正確，遠過於古代及中世初期希臘羅馬之著述。

名地理學者中，嘗記述中國關係之記事者，尤首推依賓·庫達特

[1] “望其向背”今作“望其項背”。——編者註

拔 (Ibn khordādbeh), 氏又名阿伯爾・喀錫姆・烏貝德・阿拉 (Abu'l-kasim ubaid-Allah), 約生於八二〇年（唐憲宗元和十五年），至八三〇年（唐文宗太和四年）間，卒於九一二年（後梁太祖乾化二年），哈利發・麥塔密德 (Khalif Mutammid) 在位之世(866~885), 嘗入仕，為笈巴爾省 (Jibal) 之郵務長官，著有《省道記》(*Kitā-al-Masālik Wal Mamālik, The Book of Roates and Provinces*) 一書，書中記各站之名，及各站相距里數，有時亦加詳註。是書之記中國南海岸揚子江岸貿易港也，自南數之曰龍編 (el-Wakin, Loukin)、廣府 (Khanfou)、泉府 (Djanfou)、江都 (Kantou), 且間敘及風物物產，此數港者，今之河內、廣東、泉州、揚州也，一致於當時中國記錄所云。氏又謂過中國為何，無人得知，與江都相對者，有高山聳起，諸山皆在錫拉國 (Sila), 蓋謂新羅（朝鮮音 Silla），暗示朝鮮半島之存在焉。更記中國之東有瓦克・瓦克 (Wâk Wâk) 國，富黃金，有奇木，或指日本，是則記載日本最早之西籍也。書中所引盛爾拉姆 (Sellām) 之長城紀行，盛氏旅行萬里長城之所記也。

其次，則依賓・羅斯德 (Ibn Rosteh) 著有《阿爾阿拉克・阿爾・那非撒》(*Al-A'lāk al-Nafisa*) 一書，蓋為一種百科全書，著作時期，約為九〇三年（唐昭宗天復三年），關於中國之記載過簡，實不若麻素提 (Abu-l-Hassan ali-el-Mas'udi) 之眞確。

麻素提 (Abu-I-Hassan adi-el-Mas'udi) 者，阿拉伯著名之歷史家、地理家也，自幼年，即周遊列國，所至甚遠。九一二年（後梁太祖乾化二年）至北印度 (Sind), 後又至東非洲桑給巴爾 (Zanzibar) 及甘巴路 (Kanbalu) 島，九一五年（後梁末帝貞明元年），來至印度、錫蘭、占婆及中國沿海諸地，後又至柴巴基國 (Zabaj) 及中央亞細亞土耳其斯坦各地，卒於九五六年（周世宗顯德三年）。著有《黃金牧地》(*Mūruj al-Dhahab, Les Prai-ies d'Qr =Meadows of Gold*) 一書，述歷史、地理以及其他各學。書全存，有法譯本，關於中國，所記亦甚多，但大概與阿布賽德 (Abu Zaid) 之印度、中國紀程相同。黃巢之亂，麻素提亦有記述。且記回教紀元二五五年(869, 唐懿宗咸通十年)有依賓·哈拔兒 (Ibn Habbar) 者，來遊中國，頗留記著也。

阿布·賽德·哈散 (Abu Zaid Hassan) 之印度、中國紀程，中國之部，素負盛名，東方學者間甚重視之阿拉伯史料也。是書實成自獨立之二部分，并非一人著述。第一部為撰者不明之印度、中國事情志，僅第二部為阿布赛德之印度、中国傳闻集，第一部為某氏選訂蘇烈曼 (Suleiman) 及其他佚名之中國見聞記，合已身於印度見聞之事條，撰錄於八五一年（唐宣宗大中五年），第二部則阿布賽德以自己傳聞之中國事情為骨，附錄以印度雜事及巴斯拉市人依賓·瓦哈伯 (Ibn Wahab) 之長安遊記，編述於九一六年（後梁末帝貞明二年）時，一七一八年（清聖祖康熙五七年），法國人雷腦多德 (Abbé Eusebius Renaudot) 始譯成法文，輸入歐洲，題曰《第九世紀回教二遊歷家印度中國聞見錄》(*Anci-nnes Relation de I'Indo et de la Chine de deux Voyageurs Mahometans qniy allerent dans le IX ieme Siecle*)，基於誤解，決非二人之旅行記，是二人也，未嘗遊印度及中國，更未嘗於九世紀旅行東方也，精查內容，可得斷言。雷腦多德所譯原本，以後遺失，不知所在，故當時英法評論家，竟有謂全書皆由雷腦多德僞造者。一七六四年（清高宗乾隆二十九年），竇桂内 (De guignes) 在法國王家圖書館 (Bibliotheque Royale, 即今國民圖書舘)，復查出雷腦多德之原本，竇氏亦疑為雷氏偽造，其原本自一八一一年（清仁宗嘉慶十六年），即藏於巴黎國立印刷局 (Government Printing office) 內，至一八四五年（清宣宗道光二十五年），法國萊奴德 (M. Reinaud) 復重譯之，併詳加考證，其為確書，毫憮疑義。萊奴德之法文譯本書末，又將阿拉伯原文印出，全書曰《耶穌紀元第九世紀阿拉伯人及波斯人印度中國紀程》(*Relation des Voyages faits par les Arabes et les Persans dans l'Inde et la Chine dans le IXe Siele de l'ère chréinne, texte arabe imprime en 1811 par les soins de fen Langles, Publie avec des corrections et additions et accompagne d'une traduction française et d'eclaircisse ments par M. Reinaud.* 2 Vol) 改其書名，頗中正鵠，但對第一部之性質，仍乏正確認識，不無遺憾耳！第一部記廣東之市街貿易及回教徒，凶年之開公倉，對貧民之施藥，政府之經營學校，官制之整然，行政之嚴明，官吏階級職掌之複雜，又謂事務皆以文書，其文辭形式皆有嚴格之規範，貨幣無金銀幣專用銅錢，人死後埋葬延期或至數載，對旅行者加以極有組織之保護，以及陶器之製出，自米穀之釀酒、茶之飲用，宗教（佛教）則來自印度，崇奉偶像，兩國皆信輪迴之說，惟略有不同。所記頗有虛譚，而實傳亦不尠。第二部作者阿布賽德開始卽謂蘇烈曼書成後六十餘年間，中國內部情形大變，亂事四起，全國無主，中國之威力，完全消滅。是蓋傳唐末五代時大亂實況；尤其詳記僖宗乾符年間黃巢亂事，頗足珍貴，往往傳不見於中國記錄之佚聞，關此變亂，對其所記與中國史記所傳之對比考證，自古行之。西洋之克拉勃羅德 (H.J. Klaproh)、日本之坪井九馬三桑原隲藏皆有緻密研究。此外，第二部附載依賓・瓦哈伯 (Ibn Wahab) 之僖宗皇帝謁見記，亦頗足珍。依賓・瓦哈伯於黃巢大亂以前，嘗由廣府北上，行兩月至克姆丹 (Khumdan) 京城，覲見唐僖宗，有長篇記述與僖宗之談詁[1]，其眞確，毫無疑竇也。阿布賽德又記由索格德那 (Sogdiana, 卽康國) 有陸道可至中國本部，由其國而至邊界，須行兩月，途間皆沙漠，無水可得，國界距呼羅珊 (Khorasan) 不遠，呼羅珊之回教徒軍隊，所以不能侵入中國者，卽此沙漠為障也。阿布賽德有友人告云，彼嘗在廣府見一人，背負麝香一袋，由撒馬兒罕

❶ “談詁”疑爲“談話”。——編者註

(Samarhand) 步行至廣府也。由撒馬兒罕可帶麝香至廣州，可知唐時陸路交通之盛也。又記中國有三大臣，曰右大臣 (Master of the Right), 曰左大臣 (Master of the Left), 曰中大臣 (Master of the Centre), 必即中書令及左右僕射，或左右丞相也。

第十世紀中葉，有阿拉伯人，名依賓・麥哈黑爾 (Abu Dulaf Misar Ibn Muhalhil) 謂嘗旅行中國，著有遊記。依賓・麥哈黑爾留於布哈拉 (Bokhara) 波斯薩曼王朝 (Samanidae) 那斯里 (Nasri Bin Ahmed Bin Ismail) 王廷時，有中國國王喀拉丁 (Kalatin - bin - ul - Shakbar) 之使者，抵那斯里王之廷。喀拉丁乃夏克巴 (Shakbar) 又名夏克黑爾 (Shakhir) 之子也，使者來意，欲聯好兩國，結秦晉之盟，喀拉丁有女，欲配那斯利[1]之太子奴亞 (Neah), 奴亞後繼其父君臨布哈拉，中國大使於九四一年（石晉高祖天福六年）回國，依賓・麥哈黑爾乘機與使者東遊。其遊記全文已散佚，雅庫忒 (Yakut, 1220)、喀資維尼 (Qazwini, 1268~1269) 二人常引其文，一八四五年（清宣宗道光二十五年），有德國人施樓秋 (Kurd de Schlozer) 者，嘗將雅喀二人書中所引之麥哈黑爾遊記摘出而理成連續文體，譯成拉丁文；一九〇三年（光緒二十九年），德國人馬誇忒 (J. Marquart) 用德文將麥哈黑爾遊記重行清理，注釋較前佳良；一九一三年（民國二年），法國費瑯 (G. Ferrand) 又譯成法文。讀其文，見使者踪蹟，遍於突厥韃靼等國，由黑海邊以至黑龍江畔，實不知使者，為何若是浪遊也。中國都城曰新達比爾 (Sindabil), 此名似阿拉伯人訛傳之印度城名，如康達比爾 (Kandabil)、山達伯爾 (Sandabur) 等，中國無如斯之城名也。其最近之音為成都府，《馬可波羅遊記》作新的府 (Sindifu), 四川省之首府，五代時，為蜀國之都城。其所言中國王名，夏克巴爾或夏克黑爾之子喀拉丁，在

---

[1] “那斯利”即前文 “那斯里”。——編者註

中國史上，亦無相當之人，故其遊記，是否可信，西人研究者，頗懷疑也。馬誇忒謂："證以地圖，見其踪蹟縱橫無定，忽而西藏，忽而中國邊境，忽而額爾齊斯河流域 (Irtischgebiet)，忽而塔里木河流域，愈讀之，而益疑其不實也。"雖然，須知其原文已佚，今所讀者，乃斷章不全之補綴文也。踪跡無定，忽然在此，忽然在彼者，補綴之功未精，亦未始無因也。

厥後，約隔一世紀，一〇五〇年（宋仁宗皇祐二年），格兒德齊 (Ibn Duhak Gardēzi) 著 *Zain al-Akbar* 一書，有數頁專論中國，十九世紀末，俄國東方學者巴拖爾德 (V. Bartol'd) 首認定其價值，其所傳較依賓・麥哈黑爾正確可信多矣。通過路程自今吐魯蕃 (Turfan)，經庫麥爾 (Kumul，今哈密)、巴格許拉 (Bagh Shura)、沙州 (Sha Chau)——昔謂之敦煌 (Dun Chuan)、安西府 (Ngan-Sifu)、肅州 (Sukhchau)、甘州 (Khamchau)、姑藏 (Kucha)，渡大河（黃河），以抵中國京城克姆丹 (Khamdan)。沿途有驛馬，可以換乘。克姆丹者，與見諸比散丁史家席摩喀塔 (Theophylactus Simocata) 書之庫伯丹 (Khubdan)，為同一語之訛，自古波斯指長安之稱也。藉其所載地名，且可考知當時之發音焉。

阿拉伯地理學，如多數學者所謂，以十世紀為其黃金時代，至十一世紀以後，除一二例外，皆不過九、十世紀著述之拔粹或重編，增補新知見之部分甚少。故中國關係之知識，亦不過前代之彙類疊說、反致事實之錯綜誤解。即十二世紀之愛德利奚 (Idrisi)，十三世紀之耶顧特阿爾・陸密 (Yāqūt-al Rumi)，十四世紀之阿伯爾肥達 (Abul-Feda) 等地理學者之著述，為薩拉森文化之菁華，阿拉伯科學史上光輝名著也，而其實，尚不免如上之批評焉。其所述，驟視之，如敘著者生存時代之事，實則自九、十世紀遺書轉載引用部分，甚占多數，今完本少傳，藉此可窺原書面目，推想當時知識。故學者因此，對十一二世紀以後晚出之書，亦相當尊重之。

愛德利奚 (Idrisi) 地中海中西錫利島 (Sicily) 人，受島王羅哲二世 (Roger II) 之命，著《地理書》(*Muzhat al-Mushtaq*), 書成於一一五三、四年間（宋高宗紹興二十三、四年）。一八三六年（清宣宗道光十六年），法國人姚伯德 (P.A. Jaubert) 譯成法文，但尚非完璧。愛德利奚所述中國及其他亞洲東南部如印度等地，皆甚略，且極紛亂，所舉各地相距道里，皆不免過小。至謂從來以中國都城著聞之克姆丹 (Khamdan) 為河名，尤足曝露阿拉伯地理學末期弊竇。

耶顧特阿爾・陸密 (Yāqūt-al Rumi, 1179~1229) 雙親為希臘人，生於東羅馬領內之阿拉伯地理學者也。幼賣為奴隸，被用於報達 (Baghdad) 一商人，以商事，屢往來於波斯灣沿岸諸地，主人死後，業書肆，旅行於敘利亞、埃及等地，著有《地理大辭典》(*Mu'jam al-buldan*), 威士登費爾德 (F. Wüstenfeld) 校刋之，梅南德 (B. demeynard) 法譯其一部，學者便之。

阿伯爾肥達 (Abul-Feda, 1273~1331), 當時著名史學、地理學家也，其所著諸國地誌，為阿拉伯地理學代表名著。氏生於蒙古混一亞歐之時，東西交通，极臻便利，然未得利用時機，多獲東方之地理新知識也。所著地誌，成於一三二一年（元英宗至治元年），法國萊奴德 (N. Reinaud) 及顧雅德 (S. Guyard) 二人嘗譯成法文，關於中國者，雖亦不乏新材料，然大部皆自古書中搜羅得也。

中世後半，記錄中國方面知識者，非僅上述之地理學者，史家中亦不尠。其代表著，如九、十世紀之他把里 (At-Tabari), 十一世紀之阿爾比魯尼 (Al-Biruni)。他把里著有《世界史》(*Akbār al-rusūl Wa'l-muluk*, 諸豫言者及諸王之史)，為最古之阿拉伯史，最初之阿拉伯語史記。薩拉森之勃興，薩贊朝波斯滅亡前後與中國之關係，賴是書傳於今日者不少。荷蘭之阿拉伯學者扶由 (De Goeje) 校刋之，薩贊朝

部分諾爾得克 (Nöldeke) 譯成德文，並附詳註焉。阿爾比魯尼 (Al-Biruni, 973~1048) 精通史學、數學、星學、醫學，其《印度史》(*Ta'rikh al-Hind*) 及《古代諸民族年代學》(*Al-Athār al-baqiya*, 徵古資料現存紀念物) 最著，頗有資於極東研究。德國人薩超 (E.C. Sachau) 皆英譯出版之。

中世後半，極東知識殆為阿拉伯學者旅行家所專有，歐西人幾無直接傳之者，有之，僅西班牙國土代拉城猶太牧師班哲明 (Benjamin of Tudela) 一人而已。班哲明於一一五九年（宋高宗紹興二十九年）離鄉里，經法國南部至意大利，又至君士坦丁堡、小亞細亞、叙利亚、猶太等國，更至波斯灣計施 (Ksh) 港（名見趙汝适《諸蕃志》)，在其處，得聞東方印度中國各地事甚多，一一七三年（宋孝宗乾道九年）歸國，著有《遊記》(*Mazahoth*, 1543) 一書，書中叙述錫蘭島後，叙中國曰："由此（錫蘭）往秦國 (Sin), 須航行四十日，其國在東方……"云云。

阿拉伯之回教教主國時代，惹歐人之注意者僅柏來斯丁 (Palestin)。起十字軍以恢復聖地，為歐人親觸回教文化之機緣，歐人始知羅馬教會、希臘教會以外，又有別種之基督教世界，有加爾克頓 (Chacedon) 派、雅各 (Jacob) 派、聶思脫里 (Nestorius) 派。雅各派主要為亞美尼亞人，聶思脫里派則行於波斯，此三派從來將陸上、海上往中亞、東亞之通商路皆利用於傳道事業，聶思脫里派及雅各派於回教威脅下，十二世紀以後互相妥協，此三派傳道成功之程度不明，但傳佈東亞最廣者为聶思脫里派，今存東亞基督教遺蹟之大部分，足以證明之。西安大秦景教流行中國碑（七八一年建立)，其著者也。

十世紀時，基督教行於中亞之回鶻人間，卽聶斯脫里派也。聶斯脫里且因彼等之活動，使基督教盛行於蒙古諸種族，基督教於成吉思汗以前，有勢力於西蒙之乃蠻族及東蒙之客咧亦惕 (Keriet) 族，為支配的宗教焉。

中世末期，成吉斯汗統一蒙古民族，創一大帝國於亞細亞內地，威勢遠制東歐，東西間生直接交涉，極東事情再入於歐西人士之見聞，西方之中國知識因而一新其面目焉。

參考文獻

一、本章全體之參考書仍推張，石田，岩村，Yule-Cordier, Bartol'd, Richthofenl 等著。關於阿拉伯學者之傳記著書之參考書：

1. Cl. Huart, A History of Arabic Literature. New York, 1903. (Edmond Gosse 監修 Short Hitory of the Literatures of the World 之一册)

2. R. A Nicholson, A Literary History of the Arabs. Second ed. London, 1914. (The Library of Literary History 之一册)

3. C. Brackelmann, Geschichte der arabischen Litteratur. 2Bde. in 4 Teilen. Weimar, 1898; Berlin, 1899~1902.

4. M.T. Houtsma, Encyclopaedia of lslam. Leyden, 1903 ff.

二、薩拉森文化之本質，為薩贊朝波斯之繼續發展，對其成立，波斯人多有貢獻。詳見：F. Inostratseff, Iranian Influence on Moslem Literature. Pt. 1. Translated by G.K. Nariman. Bombay,1918. Browne, A Literary History of Persia. Vol. 1. London, 1913 亦有簡明叙述。

三、拔粹見於阿拉伯人著述之極東關係記事，附以法譯者，有 G. Ferrand Relations de Voyages et Textes géographiques arabès, persans et turks relatifs à I'Extrême-Orient duⅦc auⅩⅧc siècles. 2 vols. Paris, 1913~1914.

四、關於阿拉伯地理學，於一般地理學上所占位置，可參看 C.R. Beazley. The Dawn of Mordern Geography. 3 vols, London, 1897~1906. 第二卷。

五、關於薩拉森極盛期波斯阿拉伯商人之東方海上貿易，中國商船之波斯灣往復等，可參看：桑原隲藏，《唐宋時代に於けゐアラブ人の支那通商の概況殊に宋末の提舉市舶西域人蒲壽庚の事蹟》（東京，1935），《波斯灣頭の東洋貿易港に就いて》（《史林》一之三，1916.7），Sir A.T. Wilson, The Persian Gulf. An Historical Sketch from the Earliest Times to the Beginning of the Twentieth Century. Oxford, 1928. 關於當時波斯、康居、阿拉伯人之陸路來華，可參看：桑原騭藏《隋唐時代に支那に來往した西域人に就いて》（內藤博士還曆祝賀支那學論叢 1926 所載）。

六、依賓・庫達特拔 (Ibn Khordādbeh) 之《省道記》，有 C Barbier de Meyn-ard, Livre des Routes et des Provinces par Ibn Khordādbeh. Paris, 1865 法譯本，De Goete 校刊之 Bibliotheca Geographorurn Arabicorum 第六卷，收其原文及法譯，Sprenger, Die Post - und Reiserouten des Orients. (Abhdlgn d. deutsch. morgenländ. Cesel., BdIII) Berlin, 1864 有東方關係部分之德譯。

七、關於依賓・庫達特拔 (Ibn Khordādbeh) 所記中國海港之考證，有桑原騭藏之《イブン＝コルダ—ドベ—に見えたる支那の貿易港殊にジヤンフウモカンフウに就いて》（《史學雜誌》三〇之一〇・三一之一〇，1919.10 及 1920.10）.

八、關於錫拉島，參看內田銀藏之《シラの島及びゴ—レスに就きて》（《藝文》六之三、四、八、十；七之一、四、九；八之一、四、八；九之一。1915.1 至 1923.1）（未完）。

九、扶由 (De Goeje) 謂：瓦克瓦克 (Wak wak) 來自倭國 (Wa Koku) 之廣東土音，見 Arabische berichten over Japan Amsterdarm. 1880.

十、麻素提 (Mas'udi) 之《黃金牧地》原文，收於 De Goeje 校刊之 Bibliotheca Geographorum Arabicorum 第八卷(1894). 先此，C. Barbier de Meynard 及 Pavet de Courteille 出版 Macoudi, Les Prairies d'or.

9 vols. Paris, 1861~1872 原文法譯合璧本。

十一、關於阿布賽德哈散 (Abu Zaid Hassan) 所記黃巢之亂，尤其廣州寇掠情形，有坪井九馬三 (《史學研究法》)，桑原騭藏 (《カンフウ問題殊にその陷落年代に就いて》史林四之 1919.1❶)，伯希和 (Bulletin de I'Ecole française d'Extrême-Orient, 1904. T'oung Pao, 1922) 等新研究。

十二、依賓・麥哈黑爾 (Ibn Muhalhil) 旅行記之 Kurt von Schloezer 拉丁譯，名 Abu Dulif Misaris Ben Mohalhit de Itinere Asiatico commentarius. Berolini, 1845. 關係部分 Yule-Cordier, I 附錄有英譯，G. Ferrand 之 Relations do Voyages 第一卷有法譯，考證有 J. Marquart, Ostenropäische und Ostasiatische Streifzüge, Leipzig, 1903 中之 Das Itinerar des Mi'sarb. al Muhalhilnach chinesischer Hauptstadt.

十三、關於格爾德齊 (Gardēzi) 之旅行，參看 Yule-Cordier, I, pp. 140~14 及 Bartol'd, S. 205, 皆舉有參考書。

十四、愛德利奚 (Idrisi)《地理書》之 Jaubert 譯本，名 Gèographie d'Edrisi, traduite de I'arabe en francais. Paris, 1836~1840.

十五、耶顧特 (Yāqūt) 之《地理大辭典》原文，經 F. Wüstenfeld 出版之，名 Jacuts Geographisches Wörterbuch. 9 Bde. Leipzig，1866~1870. B. de Meynard 之法譯本，僅收波斯及其附近諸國之部，名 Dictionnaire géographique, historique et littēraire de la Perse…Paris, 1861.

十六、阿伯爾肥達 (Abul - Feda) 之《地理書》，有 Reinaud, Géographie d'Aboulféda traduite de l'arbeen francais. Vo. 1. Paris, 1848 (東方地理總論), Vol. Ⅱ. Pt. 1.2. Ibid. 1848~1883 譯本。中國關係部

❶ 此處原文缺，經查找未得，現根據上、下文補爲“史林四之1919. 1”。——編者註

分，Yule-Cordier, I 附錄收有 Badger 之英譯。

十七、他把里 (Tabari) 之《史記》原文，De Coeje 校刊之，分為九卷，名 Annales quos scripsit at-Tabari. Leyden, 1879~1892 薩贊朝部分，Nöldeke 之德譯，名 Geschichte der Perser und Araber zur Zeit der Sassaniden, 1879.

十八、阿爾比魯尼 (Al-Biruni) 之《印度史》及《古代諸民族年代學》，德國人 E.C. Sachau 皆英譯出版之，名 Alberuni's India. London 1884 (Trübner's Oriental Series 之一，近有覆刻) 。The Chronology of Ancient Nations (Vestiges of the Past). London, 1879（阿拉伯原文，有 Sachau 之校刊本）。

十九、阿拉伯著述中，稱中國為 Sin, 或稱以與中世初期比散丁史家所傳 Taughas 同語原之 Tamghaj, Toughaj 等名。

二十、關於班哲明 (Benjamin), 參看：(1) Asher, The Itnerary of Rabbi Benjamin of Tudela, 2 Vols. 1840. (2) Grünhut und Adler, Reisebeschreibungen des Benjamin von Tudela. 1903~1904.

第三章
第十三世紀（蒙古勃興時代）
西人關於東方之知識

十二三世紀之交，阿拉伯人徒反覆九十世紀極東關係之知識，新獲知見，無顯著增加。當斯時也，蒙古驟興，赧大帝國於亞洲北部，伸張餘勢，遠及歐西，亞歐間直接交通再開，東方事情，乃再傳於歐人之間。

是時，歐洲盛傳極東有治廣大領土之景教君主拍萊斯脫·約翰 (Prester John)。此傳說實中世多數歐人東方旅行之一素因也。

一二二四年（宋寧宗嘉定十七年），太祖所派蒙古大軍，蹂躪俄羅斯，一二三七年（宋理宗嘉熙元年），拔都麾下，再度捲俄羅斯，一二四一年（理宗淳祐元年），佛雷斯達德 (Wahlstadt) 一戰，全歐震驚，歐西諸君主，嚮與西亞回教徒交戰，為恢復柏來斯丁 (Palestine) 聖地，屢遣十字軍；今又增一蒙古勁敵，憔燥於其對策焉。太宗殂落，大軍東歸，一二四五年（淳祐五年），羅馬教皇英諾森德四世 (InnocentⅣ) 召集列國會議於里昂 (Lyons)，議防禦蒙古策，先是，教皇欲東遣使節，告以神怒之可畏，慫慂其早日歸依基督教，並偵察有無再舉西征之計。乃以高僧勃拉奴·克劈尼 (Plano de Carpine) 為首班，授以親書，使往蒙古。

勃拉奴·克劈尼 (Plano de Carpine 或作 Pian di Carpina, 1182~1252), 意大利人，於一二四五年（淳祐五年）四月十六日復活節日，以六十五歲之高齡，出里昂，上萬里征途。同行者，有博希米亞 (Bohemia) 人斯德芬 (Stephen), 亦僧人也。行不久，斯德芬病，乃獨行至白雷斯老 (Bleslau), 有波蘭僧人班尼狄克脱 (Benedict), 充其舌人，與之同行。以一二四六年（淳祐六年，蒙古定宗元年），二月抵窩爾加河畔拔都大王之廷幕，稍留，更東行，經波斯，行三月半，疲困萬分，以七月二十二日，抵喀喇和琳附近，親臨貴由大汗 (Kuyuk Khan) 登極之禮，謁可汗，捧呈教皇親翰，但所請無成，至十一月十三日，携貴由可汗還書三紙西歸，途中再謁拔都，一二四七年（淳祐七年，蒙古定宗二年）五月二十七日，抵教皇之廷，覆命。

勃拉奴·克劈尼携歸之還書三紙，一為蒙古語，二為拉丁譯，三為蒙古人所稱薩拉森語實乃波斯語，拉丁譯為勃拉奴·克劈尼經通譯自蒙古語譯出者，其餘二者，蒙古側所製成者也。第一、第二不傳，第三近年出現，學界珍為希有史料。原本現存羅馬市加斯鐵陸文庫 (Archivio di Castello)，伯希和 (P. Pilliot) 首先認定之，文書長一米十二吋，闊二十吋，三紙相繼，文初數行為土爾其文，餘皆波斯語，當時蒙古人俗稱之為薩拉森語，文中捺以朱色陽文雙鈎蒙古語回鶻文字方印者二處，命所有民族所有國家皆服蒙古大汗之命，當時興隆之勢，天下無敵之倨傲尊大態度，躍然紙上。

克劈尼之使命，表面歸於失敗，認貴由汗有再侵歐洲之意，對基督教國諸君主上言對策，足副教皇期待之一端；東行之收穫也。而詳載其東往西還途上見聞事務之報告書 (*Libellns Historicus*, 《實事報告》) 殆蔡馬庫斯 (Zemarchos) 以來數百年，傳親自亞細亞內地所得知識於久昧東方事情之歐西人士者也。其所述往往有不見於中國載籍者，不獨增益當時歐人之知見，今日裨益於中國史研究者亦匪尠。記貴由可汗選立之庫魯泰大會 (Khuriltai) 及卽位盛儀，尤足珍貴，所論雖以蒙古漠北為主，亦言及中國本部。

克劈尼之記中國也，稱以 Cathaz, Catai, 是蓋 khitai(契丹)之訛，此民族自十世紀初洎十二世紀初，據北方者二百餘年，蒙古民族在其故地，故其滅亡後，仍襲舊稱，以指華北，更進而稱其土著漢人為契丹人 (Khitai pl. Khitat) 焉。克劈尼之言曰："契丹國之一部，以在海中，負險自守，故至今尚未為塔兒塔兒 (Tartar) 所征服也。契丹人崇信異端，自有文字。據云，亦有耶穌教新舊約，其國歷史記其祖先之傳記，國中有隱士，遁居山林之中，有專舍，類於吾國之教堂備祈禱之用，自有聖人甚多，深信世間僅有一天主而已。亦禮拜崇敬吾教中之聖人耶穌基督也。又信靈魂不死之說，皆與吾人相同，唯無洗禮而已。吾教聖經，其人亦敬信之，禮愛基督教徒，好施捨，以濟貧乏，禮俗謙讓，為人温恭，無鬍鬚，面貌與蒙古人相同，唯不若其寬，自為言語，精於工藝，其巧世界無比也。地极富饒，豐產五穀、酒、金、銀、絲及各種養生之物。"文中所謂塔兒塔兒，蒙古人侵歐以來，歐洲對其稱呼也。似起自其軍中之塔塔兒（韃靼，Tatar）族名，乃附會於希臘神話中之塔兒塔兒斯 (Tartarus, 地獄)，謂其為兇猛不逞之蠻民，如來自冥府也。其後歐人常指其住地為塔兒塔利 (Tartary), 蓋源於此。所謂新舊約者，或謂儒家經籍歟？所記雖簡，實中世初期比散丁史家以後數百歲，親至亞細亞內地之歐人齎歸之最初中國知識也。克劈尼於一二五二年（淳祐十二年，蒙古憲宗二年）捐館，以功，叙位大僧正後未久也。

教皇英諾森德四世 (Innocent Ⅳ) 於東派克劈尼同時，並派亞勢理惱 (Ascelino) 使蒙古，但被捕於駐扎波斯之蒙古軍，未得東進，空自西歸。此外，並派勞蘭其斯 (Laurentius)、安德魯 (Andre de Longjumeau) 等人，但皆未至極東。

一二四八年（淳祐八年，蒙古定宗三年）法國王路易九世於錫拍羅斯 (Cyprus I) 引見歸自蒙古之聶斯脫里派 (Nestorius) 僧人，蒙古有力者之所派遣也。希望結成蒙古、歐洲之同盟，以對抗回教徒，使節盛言貴由汗及其后之熱心基督教，路易九世乃遣二教團，第一團長為多敏我派 (Deminico) 僧人安德魯 (Andre de Longjumeau), 一二四九年（淳祐九年，蒙古定宗四年）發錫拍羅斯 (Cyprus I), 再度東來，為歐人之最初至蒙古都城和林者，但無何效果，一二五一年（淳祐十一年，蒙古憲宗元年）歸，且未留旅行記。第二團長為方濟各派 (Erancisco) 僧人盧白魯克 (Willem de Rubruck［Ruysbroek］)。

盧白魯克 (Willem de Rubruck［Ruysbroek］, 1215~1270), 法國北部佛蘭竇斯省 (Flanders) 人也，受法蘭西國王聖路易之命，出使韃靼諸王之廷，其目的為何，書中秘不宣布，託言傳教東行也。其紀行書最有興味，表示著者為人聰慧多識，眼光過人，文章亦極有條理。盧白魯克以一二五三年（宋理宗寶祐元年，蒙古憲宗三年）五月七日進入黑海，六月十二日，抵索爾對亞 (Soldaia), 八月二日，抵撒里答之帳幕，次至窩爾加河畔，見拔都大王，九月十六日，離拔都之廷，東行至和琳[1]，見蒙哥大汗，一二五四年（寶祐二年，憲宗四年）秋，西歸，繞道裏海西岸南行，以一二五五年（寶祐三年，憲宗五年）六月，抵叙利亞安谷港 (Antioch)。

其報告書，名《盧白魯克會友遊記》(*Itinerarium Fratris Wilhelmi de Rubruk de Ordine Fratrum Minorum, anno gratiae M. CC.L. III ad Partes Orientales*), 對路易王呼以二人稱，形式為報告書，事實不外為一種旅行記，叙蒙古人風俗習慣頗詳，記載蒙古領內行各種文字，如回鶻文字、西夏文字、西藏文字、漢字等，記蒙古首都，記可汗帳幕，記當

❶ “和琳”即前文中“和林”。——編者註

地之基督教、佛教、回教，記蒙古領內之歐人，記朝鮮 (Caule)，皆供後世史家以重要資料。更確認拖雷美 (Ptolemaios) 所謂之賽里斯 (Seres) 人卽中國人，裏海實為湖沼，傳之歐人，但裏海不通大洋之地理的事實，竟未獲信於歐西人士。以契丹稱中國，而記之曰："過此有大契丹國 (Great Cathay)，余意卽古代賽里斯國 (Land of the Seres) 也。蓋其地今代仍產絲，品質之佳，世界無匹，其人稱絲為賽里克 (Seric)，其地有城市，名賽里斯，因而國亦名賽里斯，有人告余，其國有一市，城牆為銀所建築，城堞為金所建成，國境分劃多省，有數省至今尚未為蒙古人所征服。契丹、印度之間，有海介之。契丹人身軀短小，言語中，鼻音甚多，兩眼上下甚狹，東方之人，大概如是，精於各種工藝，醫士深知本草性質，余親見治病以按脈診斷，妙不可言，從不檢驗病人之尿，亦絕不知有其事。喀喇和琳城 (Karakorum) 中，契丹人甚衆，其人風俗，子必承繼父之職業，契丹人賦稅甚重，計每日須付蒙古人一千五百雅斯闊忒 (Jascot)，或名科斯米 (Cosmi)，雅斯闊特為銀幣，每塊重十馬克 (Marks)，故每日之數，已達一萬五千馬克矣。此外更須貢絲、貢食及各種搖役也。……有僧人來自契丹國，余得遇之，訪問後，得悉由和琳城往契丹國，須東南行二十日卽可至。……契丹國無酒，其飲料皆製自米，現今其人雖亦種葡萄，然不以製酒也。其人又告余一事，言之似確鑿有證，然余絕不信有其事也。其言云：過契丹國，有一地，人入其境，不論年紀若干，皆不致老也。契丹國濱大海洋，……契丹國通用之錢幣，皆為棉紙製成，寬長皆約一掌，其上蓋印紋，印類蒙哥大汗之玉璽，其人寫字用毛刷，猶之吾國畫工所用之刷也。每一字合數字而成全字。"盧白魯克旅行記翔實正確，為中世紀行文學白眉。克勞尼之東方行紀亦輸一籌，馬可波羅東方聞見錄雖詳述中國內地事情，並對日本，加以介紹，然於的確精審之點，或立盧白魯克之下風。近代大地理學者培謝兒 (Pesol) 評之曰“中世最大地理學傑作”(Der grösste geographisch Meisterstück des Mittelalters), 决非溢美之言。

盧白魯克東派之表面使命，殆歸失敗，蒙哥可汗與法國王還書原本，今佚，大意詳載於盧白魯克書中，法國王初志未得貫澈，其副產物之收穫，並非絕無。因此行也，知：(1) 蒙古歷代君主為基督教信者，且欲尊為國教之事，不過風傳；(2) 彼等不過予以與佛教、回教等同等待遇；(3) 蒙古人欲再侵歐洲一事，亦不過無根之風聞，今决無此意；(4) 此風聞，蓋為對西亞細亞回教諸國出師準備之誤傳。故其携歸之蒙哥可汗親書，雖言辭傲慢，甚勢實不足懼，歐洲諸國既無蒙古侵來之恐，更欲利用之以控制他民族；知蒙古君民之改宗於基督教，决難期待，但伍於其他宗門而弘布之，亦非不可能也。一方欲利用其武力，以牽制歐洲宿敵之回教諸國，是皆盧白魯克東行偵察之所賜也。後者不待歐洲方面之策動，依蒙古方面自發的活動，不久而達成此大目的。蒙古之西亞經略，更行發展，蒙哥可汗之弟旭烈兀討伐波斯地方，一二五八年（寶祐六年，蒙古憲宗八年）回教國根據地，阿拔斯朝五百年之都報達 (Bagdad) 陷落，乃建伊兒汗國，蒙古與歐洲之提携，更形進展，爾後，伊兒汗國之主權者數代通聘羅馬教皇、法蘭西王、英吉利王，更助長此傾向，因之東西交涉漸繁，文物互相交流。而伊兒汗國國都塔伯利資 (Tabriz), 實東西文化之媒介地也。

塔伯利資 (Tabriz) 市街，有中國人街及歐洲人街，威尼斯 (Venice)、基奴亞 (Genoa) 等駐使臣於此，掌國際事務。當時爭地中海商業霸權之意大利都市之活動，頗堪注目。初則皮撒 (Pisa)、威尼斯 (Venice)、基奴亞 (Genoa) 相角逐，一二八四年（元世祖至元二十一年），皮撒敗於基奴亞後，乃成威尼斯、基奴亞之對抗戰。以至十四世紀。此間，威尼斯之財富威勢，常壓諸市，商人之東方活動，亦甲於諸市。威尼斯東方貿易者中，東方知識西傳史上最有名之波羅一家,尤其馬可波羅之出現,有由來也。隨蒙古之勃興,東西交通大興,往還日盛,旅行記、見聞錄、回想記之著甚夥,而馬可波羅為其大宗,猶之麗天皓月之於各星宿也。身份學識,亦無出其右者。

波羅一家,夙從事於東方貿易,一二六〇年(宋理宗景定元年,元世祖中統元年)尼哥羅・波羅 (Nicolo Polo) 及馬飛・波羅 (Maffeo Polo) 兄弟二人至黑海北岸之克里米亞營商,後向北行,至窩爾加河畔伯忽汗之廷,由布哈拉而至遠東忽必烈大汗之廷,大汗見二人大喜,乃遣之西歸通聘羅馬教皇。一二七一年(宋度宗咸淳七年,元世祖至元八年),第二次東來時,尼哥羅携其幼子馬可 (Marco, 1254~1324) 與俱,三人經阿扣港 (Acre)、阿雅斯港 (Ayas)、錫瓦斯港 (Sivas)、馬丁 (Mardin)、毛夕里 (Mosul)、報達 (Bagdad), 而至忽里模子 (Hormuz), 欲由此航海往中國,唯船舶不堪航海之用,因棄前計,轉向北,經起兒曼 (Kerman)、呼羅珊 (Khorasan)、巴里黑 (Balkh)、巴達克山 (Badakshan), 而登帕米爾高原,更東下至喀什噶爾,由是復經葉爾羌、和闐、羅布泊,而入西夏境,繞中國北鄙,一二七五年(宋恭宗德祐元年,元世祖至元十二年)至上都開平府,朝見世祖。馬可學中國語,習蒙古、回鶻、西夏、西藏等文字,甚得可汗之寵,就諸種官職,參與內外政務,在華凡十七年,其間屢請歸國,不許,一二九二年(至元二十九年),伊兒汗國主與蒙古一公主之間成立婚約,波羅一族以護送至波斯為條件,蒙允歸國,三波羅於是年之初,以十四隻艦隊,自泉州解纜,上海路西航之途,沿途行程頗不吉順,勾留於蘇門答臘島海岸及印度南部頗久,閱時二年,乃得達波斯忽里模子港。及至伊兒汗國之都塔伯利資 (Tabriz), 阿魯汗 (Arghun Khan) 已薨,其弟凱嘉圖 (Kaikhatu) 攝政,公主改嫁阿魯之子合贊汗 (Ghazan khan), 合贊汗為波斯國賢君,多謀足智,善用兵,波羅等留於波斯王庭九閱月而後西歸,在君士但丁堡小作勾留,黑海北岸索爾對亞

(Soldaia) 港，或亦曾繞道一視。一二九五年（元成宗元貞元年）還抵威尼斯故里，馬可波羅離家二十三年，至是始歸。旋威尼斯 (Venice) 與基奴亞 (Genoa) 間戰事起，馬可波羅為艦中司令官，統師為丹多羅 (Dandolo)，一二九六年（元貞二年）九月七日，阿得力亞的克海 (Adriatic Sea) 中茍坐拉 (Gurzola) 島海戰，敗北為囚，投基奴亞 (Genoa) 獄中，三載，一二九九年（元成宗大德三年）赦回威尼斯 (Venice)，娶妻，其後行動，頗欠明瞭，一三二四年（元晉宗泰定元年）以病去世。遊記之述作也，實在基奴亞獄中，在獄中不久，結交皮撒 (Pisa) 市人羅斯梯謝奴 (Rusticiano)，羅氏為當時著名小說家，亦戰時捕虜，得聞馬可所述遠方異域之事，勸其速著一書，以傳其事，馬可為自己省時免勞，兼為獄中消度光陰之故，乃口述各事，而羅氏筆受之，依各種證據考之，老法文實為遊記最初所用之文字也。馬可不知皮撒土語，而羅氏又不知威尼斯土語，故兩人當時用最通行之老法文也。今藏巴黎國民圖書館，一八二四年（清宣宗道光四年），該地地學協會 (Société de Céographie) 上梓，不分卷之所謂地學協會本 (Geographic Text) 者，與原本最近，為現存諸寫本、諸版本之祖本，逼眞於羅氏眞本，貴重之古寫本也，由此老法文版而發生四種版本。第一種，意大利克魯斯喀 (Crusca) 版，書中全不分卷，與法國地學會所刊印之老法文本相較，得知此種完全譯自老法文本。第二種，法文各種寫本，法國人鮑梯 (Pautheir) 亦為研究馬可波羅專家，鮑氏之意，此類版本，實提遊歷家本人之允許而修改者也。此種有寫本五種，三種皆存巴黎圖書館內，一種藏瑞士京城伯恩市，一種藏英國牛津大學伯德雷恩圖書館 (Bodleian)，伯恩市及牛津大學兩種本皆卽一三〇七年（元成宗大德十七年）[1]，馬可波羅親自贈與梯抱竇賽波愛

[1] 元成宗大德年號共計11年，公元1297~1307年，此當爲“元成宗大德十一年”。——編者註

(Thibault de Cepoy) 者，此類版本，較之法國地學會刊印之老法文本，所修訂者亦僅草草粗工，對於原本多裁略冗章，及修飾文辭而已。鮑梯謂欲得著書人最初口述之廬山眞面，惟當於此類寫本中求之也。第三種，大僧㑥㑥奴 (Pipino) 之拉丁文譯本，此類寫本最多，其中節略與删除者，較之第二種版為多，此版分遊記本書為三卷，㑥㑥奴為意大利婆羅那 (Bologna) 市人，生於馬可波羅同時，遊記之翻譯，成於波羅氏晚年，意大利之研究波羅遊記者，多謂馬可波羅嘗知該譯文，而自加改訂云，其說殊無根。第四種，賴麥錫 (G.B. Ramusio) 之意大利文版，此種版與上方所言三種版，全全不同，其來由至今尚未明瞭，書中地名多經更改，以前各版中，有多章被删除，而新增入者亦極多。如元世祖之誅姦臣阿合馬一長章，他種版中皆無，而此版獨有之，其為馬可波羅本人增入，毫無可疑，全書章卷分段，亦與所有他種版皆不同，他種版皆文理鄙俚，而此版則文辭條順，欠修之處，悉被删除也。今代歐文中出版之《馬可波羅遊記》，大抵皆參酌第二種版與此種版而成。第二種取其最初之眞面目，而材料則取之第四種也。

馬可波羅書，初疑其荒唐無稽，不為世人所顧，後慚知其可信，今為研究中世東方事物不可缺之寶典。學界珍為貴重史料。科倫布 (Columbus) 讀其書，憧憬東方，因以發現美洲。書中於上都、大都、杭州之繁華富麗，以及泉州港中外交通之殷盛，均有叙述，並及日本 (ChiPangu)、高麗 (Cauli)、西藏、[1]緬甸、後印度、南洋群島、錫蘭諸地。元代之瑣聞佚事，朝章國故，散見其中，可補史策之不足。惟馬可漢語文之知識，殆甚貧乏，書中地名、民族名多襲波斯語。其記憶之誤，觀察之疏，有意之誇飾，均所不免，讀其書時，更宜辦別有著者目睹之部分；有基於傳聞之部分也。寫本時代以上四種本，皆轉

[1] 西藏當時爲總制院（後改爲宣政院）管理，受中央政府統一管理。——編者註

譯為數國語，傳誦於世、至活字版印刷盛行，各國語之版本，上梓於各地。近世流傳益廣，批判的校刊本，詳密之附註本，相繼刋行。英之麥爾斯登 (Mersden) 本、法之鮑梯 (Pauthier) 本，皆有名，其中嶄露頭角者，為英國裕爾 (Yule) 之校勘譯註英文本，一九〇三年（清德宗光緒二十九年），法國考狄 (Cordier) 補訂增註之新修本及一九二〇年（民國九年）考氏續註一卷，為馬可波羅遊記之的本 (Standard edition), 東方學者書齋必備之書，英國東方學之金字塔也。此遊記之印行版本，據考狄 (Cordier) 計算，一九二〇年（民國九年）當時，有八十八種，加以華譯、日譯，得九十餘種，益以近年新版，不下百種。其中一九二八年（民國十七年）意大利刋行之别奈代脱 (Benedetto) 校勘本，增廣前人未發之佚文，北京刋行之沙海昂 (A.J.H. Charignon) 新註本之本文，雖據鮑梯 (Pautheir) 本，註中多引漢籍，印刷華字，皆具獨自特色，有益後學。

自波羅一家歸還威尼斯前後，羅馬教會之中國方面布教，驟加熱度，東來之傳教士甚多，更傳東方之新知見於西人之間，詳見下章。茲述十三世紀阿美尼亞人之中國知識，及十三世紀半至十四世紀初波斯方面編纂之成諸波斯阿拉伯史家之蒙古史，此等知識，傳於當時及後代之歐人間，為歐西人士東方知識之源泉焉。

盧白魯克謁蒙哥可汗於蒙古幕營後，未久，詣此可汗之廷者，有小亞美尼亞王海敦一世 (Haiton I. Hethum, 1201~1272). 先此，王見蒙古勢強，悟早日通款訂交之有利，一二四六年（宋理宗淳和六年[1]，蒙古定宗元年），貴由可汗登位時，海敦遣其胞弟仙拍德 (Sem-pad=Sinibald) 赴蒙古和琳賀之，兼以聯絡感情，仙拍德離國四年，始歸。當在撒馬兒罕城時，仙拍德嘗致書於錫拍羅斯島 (Cyprus Is) 王、

[1] “淳和”當爲“淳祐”。——編者註

后及廷臣等，為其兄辯護投誠蒙古之故，蓋當時西方各國君主，頗有不直海敦，以崇拜基督教之王，降於蒙古也。內容簡單，關於中國所傳，甚多誤解，不足重視。謂中國 (Chatha) 全土之民，皆為基督教徒，誤之甚者也。反之，海敦王之見聞記，頗有助史家。蒙哥大汗卽位，海敦王復親來蒙古和琳賀之，兼欲取得保護證書及某種權利也。其紀行書為隨員吉洛廓斯剛德賽克齊 (Kirakos Gandsaketsi) 所作，剛德賽克齊，亦亞美尼亞人也，原書為亞美尼亞文。王於一二五四年（宋理宗寶祐二年，蒙古憲宗四年）初，發國都西力細亞 (Cilicia) 之錫斯城 (Sis)，先至喀斯城 (Kars)，拜謁其地韃靼駐軍都元帥巴珠諾延 (Bachu Noyan)，過大亞美尼亞，經打耳班 (Derbend) 隘路，見欽察汗拔都及其子撒里荅 (Sartakh)。受無上禮遇，王及從人皆大喜過望，拔都父子旣乃遣之往蒙哥汗廷幕，一行於一二五四年（寶祐二年，蒙古憲宗四年），五月十三日，離拔都廷幕，繞道裏海之北，經極長之途，九月十三日，抵韃靼里斯坦 (Tartaristan)，十四日，覲見蒙哥大汗，獻方物，致臣禮。十一月一日，就歸國之途，經別失八里 (Beshbaligh)，出撒馬兒罕 (Samarkand) 過不花剌 (Bokara)，入呼羅珊 (Khorassan)，一二五五年（寶祐三年，蒙古憲宗五年）七月杪，始抵故國。見於旅行記者為途上目擊之奇習異俗及傳聞之中國事務，尤其宗教情形，謂中國人 (Ghotai, Cathai) 拜 Shakemonia（卽 Sakyamuni，釋迦牟尼之訛）之像，又有 Madri（卽 Maitreya 彌勒佛之訛）之像，蓋關佛教信仰者也。後此五十餘年，其族人果利葛斯親王 (Prince of Gorigos) 海敦，本此，著《東方諸國風土記》(*Merveilles des XIII Royaumes d'Asie, History and Geography of the Eastern Kingdoms*) 一書，果利葛斯親王海敦身歷東方戰爭及政治甚久，一三〇五年（元成宗大德九年），自小亞美尼亞被流至錫拍羅斯島，削髮，充拉拍斯 (Lapais) 寺僧人，翌年末，渡法，居泡亦梯寺 (Poitiers)，受克萊孟第五世 (Clement V) 之命，口授東方諸國歷史地理於佛爾康 (Nicholas Faulcon)，用法文記之，名之曰《東方諸國風土記》，一三〇八年（元武宗至大元年）五月六日，海敦歸至錫拍羅斯島，後又歸其本國，被任為警察長官，卒於一三一四年（元仁宗延祐元年）。《東方諸國風土記》全書五卷六十章，記載亞洲地理、蒙古諸汗傳記、聖地及東方基督教徒情況，前十五章，皆記亞洲諸國，為古代記載亞洲諸國地理最佳之作云。

十三世紀後半至十四世紀初，成於波斯阿拉伯史家書籍中，有一部或全部為蒙古史者。自年代言之，首為阿岐兒 (Ibn-a1-Athir, 1160~1233) 之《全史》(*Kamilut-Tavārikh*)，記成吉斯汗麾下蒙古軍勢活躍於波斯、美索不達尼亞等地之情形。事多著書當時親見，頗足置信。

成於波斯史家手之史書，與蒙古中國內地有關係者，以伊兒汗國之阿拉哀丁・阿塔・蔑里克・志費尼 (Alai-eddin Atta Mulk Djouvéni, 1230~1283) 之《世界征略家傳》(*Tarikh Djihankuschai* =*History of the Conqueror of the World*) 為巨擘。志費尼者，以地為姓，系出名門，其父卽法合魯丁，一二五一年（蒙古憲宗元年），受命佐阿兒渾充阿母河等處行尚書省事，阿拉哀丁從其父至蒙古和琳賀蒙古大汗卽位；旭烈兀西征，從軍，主文牘，報達旣平，受命為地方長官。《世界征略家傳》，脫稿於一二六〇年（宋理宗景定元年，蒙古世祖中統元年），記成吉思汗末十年之事，阿母河北諸地及波斯之征服，皆記載甚詳。窩闊台及貴由兩大汗之事蹟，蒙哥大汗御宇初期之史，至紀元一二五七年（宋理宗寶祐五年，蒙古憲宗七年）為止，皆有詳記也。畏吾兒 (Uighur)、哈喇契丹 (Karakhitai) 及花剌子模 (Khwarizm) 諸國事蹟，亦載之。

火者拉施特・愛丁 (Khodja Rashid eddin, 1247 頃~1318) 之《史記彙編》(*Jāmi-ut-Tawārikh* =*Collection of Histories*) 亦巨著也。拉施特歷仕阿八哈汗 (Abaka Khan)、合贊汗 (Ghazan Khan)、鄂爾介都

(Oljaitu)、不賽因 (Abu Zaid), 為典醫，為宰相，又以一代史家，名聲嘖嘖。一二四七年（宋理宗淳祐七年，蒙古定宗二年），生於波斯之哈馬丹城 (Hamadan), 謂系出猶太者，乃反對黨之宣傳，然否可疑，初為阿八哈汗侍醫，於宮廷已相當有勢；及為宰相，舉治績者，則在合贊汗時；鄂爾介都汗時，亦頗專寵；一三一五年（元仁宗元祐三年[1]）與同僚宰臣阿梨・沙・甲不蘭 (Ali Shah Jabalan) 因財政問題生隙，然終鄂爾介都之世，拉拖特尚能維持其權位，一三一七年（延祐四年）不賽因 (Abu Zaid) 嗣位，遇讒獲罪，被腰斬，年七十餘，時一三一八年（延祐五年）事也。此一代名著，波斯文學史上乙部首位之《史記彙編》，初奉合贊汗勅，從事撰述，記蒙古勃興及伊兒汗國功業，合贊汗殂落後，奉鄂爾介都命完成之。依新汗之勅，增修以回教諸國為中心之世界史，凡前後二卷。第一卷雖成於合贊汗崩後卽一三〇四年（元成宗大德八年）五月十七日以後，但依鄂爾介都之命，献於合贊汗；第二卷脫稿於一三一〇年（元武宗至大三年）至一三一一年（至大四年）之間，爾後二年，著者努力於鄂爾介都治世之叙述，以作附錄。本書記載韃靼 (Tartar) 及突厥 (Turk) 諸民族，成吉斯汗及其先世，波斯諸汗，尤為詳盡：鄂爾介都事蹟，亦有記載；又亞洲西部各國，摩訶末及其弟子事蹟，以色烈諸聖，羅馬歷代皇帝，西歐諸國君主，皆有傳記；印度及中國，亦皆有專章，對於日本 (Tohépangon) 亦有記載。書末原擬有《世界地理志》一篇，而今無傳，蓋或當時卽未著或也。自序謂書之成功，得力於孛羅・承相 (Pulad Chingsang) 者甚多，孛羅奉大汗之命，出使波斯，居塔伯利資 (Tabriz) 城，人極博學，熟知突厥及蒙古各部興衰掌故、曠世無儔，嘗仕至丞相，為全國兵馬元帥，及行政長官，拉氏書中契丹一章，蓋皆聞之於孛羅者也。編

[1] "元祐"爲宋哲宗年號，1086~1094年。元仁宗年號有皇慶（1312~1313）、延祐（1314~1320），故此處"元祐"當爲"延祐"，下徑改。——編者註

輯時，合贊汗御用文庫中，所藏重要公牘，拉氏曾皆得參閱，又《阿爾壇·戴勃脫兒》(*Altan Depter*) 一書，猶為金册，為歷朝實錄，最為寶貴，有大臣守藏之，拉氏亦曾參閱之也。

於比應略記者，其為瓦薩甫 (Vassaf ul Hayret) 之《史記》(*Ta'rikh-i-Wassāf*) 歟！瓦薩甫乃徽號，其義為皇帝陛下之贊頌者，非人名也。其眞名，為阿卜圖拉 (Abdullah), 法則爾烏拉 (Fazel-ullah) 之子也。為伊兒汗國收稅吏，受知於拉施特·愛丁 (Rashid eddin), 以文學薦於合贊，一三〇三年（元成宗大德七年）献史記前三卷，是書正名:《邦土之分割與歲月之推移》(*Tajziyat-ul-Amsār wa Tazjiyat-ul- Aisar*), 全五卷，一三一二年（元武宗皇慶元年）鄂爾介都卽位時，第四卷完成，又獻之，一三二八年（元天順帝致和元年）❶，記不賽因治世之第五卷完成，蓋欲續志費尼之書，起稿於一二五七年（宋理宗淳祐五年，蒙古憲宗七年），擱筆於一三二八年（致和元年），以伊兒汗治下波斯為主，蒙古可汗之經營中土，成吉斯汗苗裔之中亞活動，亦有相當記載；唯文章過於琢磨，有難解之弊，史實次序亦錯亂，難於領會，是其疵也。

因數次十字軍之遠征聖地，東方貿易之發展，蒙古之西征，僧俗諸王之特使東派，亞細亞諸君主之使節西遣等，十三世紀至十四世紀初，歐洲對東方之興味，西亞、蒙古勿論矣，廣對亞細亞各國之興味益盛，上下一般東方憧憬之昂騰，古代及中世初期未嘗見也。東方事情，不僅依旅行者、商人之傳聞，而豐富其知識，且加以學術研究，精審把握東方事物之傾向，顯著擡頭。一三一一（元武宗至大四年）至一二年（武宗皇慶元年）之宗教會議，決定於羅馬、巴黎等大學開設阿拉伯、希伯來諸言語之講座，雖不幸未得立時實現，但事實歐洲之

❶ 公元1328年三次改元，分别為元泰定帝致和元年、天順帝天順元年、文宗天歷元年。——編者註

東方研究，日益進步。可蘭及其他多數阿拉伯科學書，於十二世紀中，已有拉丁譯之出現。言語之研究，與布教有密切關係，故實用方面之探究亦盛，《可曼語古鈔》(*Codox Comanicus*) 一書，可謂十三四世紀此種傾向之紀念塔也，為欽察部族之語彙，寫本今存，此書除語彙外，含有基督教之福音書斷片，及其他二三教籍之譯文，不僅為此民族語言研究之寶典，廣用於阿爾泰民族言語之研究，調查中國塞外諸族歷史文化者，屢引照焉。

參考文獻

一、本章全體之參考書，仍推張，石田，岩村，Yule-Cordier 1, Bartol'd, Richthofen 1 等著。關於伊兒汗國史家之蒙古史，參照:

1. D'ohsson, Histoire des Mongols. 4 vols, Amsterdam，1852. 馮承鈞譯,《多桑蒙古史》，民國二十八年三月，商務印書舘出版。

2. E.G. Browne, A History of Persian Literature under Tartar Dominion (A.D. 1235~1502). Cambridge, l920.

3. 洪鈞:《元史譯文證補》。

4. 岩村忍:《イラン文蒙古史の諸版本》,《蒙古史雜考》昭和十八年二月，白林書房出版。

二、關於克甥尼 (Carpine) 之傳記，參看: Friedrich Risch, Johann de Plano Carpini, Geschichte der Mongolen und Reisebericht, 1245~1247. Leipzig, 1930. D'Avezac, Recueil de Voyages, etc. 1839.

三、克甥尼 (Plano de Carpine) 及盧白魯克 (Rubruck) 之旅行記，有各種譯本，各種版本，學者間有定評之標準良書，為:

1. W.W. Rockhill, The Journey of William of Rubruck to the Eastern Parts of the World, 1253~1255, as narrated by himself, with two Accounts of the earlier Journey of John of Pian de Carpine. (Hakluyt soc. Publ) London , 1900.

2. C.R. Reazley, Texts and Versions of John de Plano Carpini and

William de Rubruquis. (Hakluyt Soc. Publ) London, 1903.

後者併錄拉丁原文，試加校勘；前者記克勞尼紀行曰 two accounts 者，因其報告書，原有二種，一為歸里昂前，一二四七年（宋理宗淳祐七年）三月至十二月之間，起草於旅途中之簡約者；二為歸里昂後執筆之詳細者，two accounts 併指二者。而最便利者，為 M, Komroff, ed. Contemporaries of Marco Polo. (The Black and Gold Library 中之一冊) New York , 1928，但其參考書目頗雜駁不正確。

四、本文中，記克勞尼到里昂後呈教皇之報告書，曰 *Libellus Historicus*, 並非原名，不過借自此報告（前記第二種詳細者）原文一版本之 Hakluyt 一五八九年（明神宗萬曆十七年）出版於倫敦者之表題。（自 Vincent de Beauvais[V'ncentius Bellovaciensis]所編史鑒[Speculum Historiale. Nürnberg, 1471]第三十二卷抽出克勞尼東方紀行，附以英譯。公表之於自編旅行記、航海志纂第一卷者也。此 Vincent 之書，為有名之旅行記彙纂，印行克勞尼第二報告之最早者，此後多數之拉丁本，大抵皆據此。其表題曰：Historia Mongalorum quos nos Tartaros appellamus, 我等呼之曰塔兒塔兒之蒙古人之故事）。第一報告，即簡約者本文，收於 Golubovich, Biblioteca Bio-Bibliográfica, l, Firenze 199: 無書名，冠以 Incipit liber de factis Tartharorum a quodam fratre Minore compositus, qui longo tempore fuit intereos.

五、克勞尼、盧白魯克之詳細書誌，參考：Cordier, Bibliotheca Sinica, nouv. éd., Vol. Ⅲ. Paris, 1903 及其 Supplément (Ibid. 1922~1924) 與 R. Streit, Bibliotheca Missionum, Vol. Ⅳ. Aachen, 1928, 後者雖有失檢誤植，但成於個人之手，苦心勞力之成果，近時尠見之良書也。羅馬基督教之布教關係文獻目錄，現無出其右者。第四、五、六卷為亞細亞之部，第六卷未刊。

六、關於安德魯 (Andréde Longjumeau), 參看：Les Monol set la

Papauté, Chapitre II，III，Andréde Lonjumeau, par Paul Pelliot, Revue de l'orient Chrétion, 3e Série, T. VII (xxvIII) ，Nos 1 et 2 (1931~1932), pp. 3~84.

七、盧白魯克往還東方之通路，頗欠明瞭，參看：F. Max Schmidt, über Rubruck's Reise Von 1253~1255 (Zeitschr.d. Gesel.f. Erdkundezu Berlin, XX, 1885).

八、關於蒙古和琳，歐人最初記之者，為克劈尼，但未親履其地；始至此地者，為安德魯再度東行之時；記述親睹者，以盧白魯克為最初。克劈尼寫作 Caracorim, 盧白魯克寫作 Caracarum, 據盧白魯克所記，此都分二街，一住薩拉森人，一住契丹人，前者有市場，多商人；後者住民僅工匠，此地有寺院十二，其二為回教，一為基督教，都城圍以土壘，開四門，於東門售黍及其他穀物，於西門賣羊及山羊，於南門販牡牛車輛，於北門市馬匹。城壘之外，為蒙哥可汗之宮殿，世界各地之人，聚於此焉。

九、班尼狄克脫 (Benedict) 之旅行記，收於 Relation des Mongols ou Tartares. Paris, 1838 中。

十、勞蘭其斯 (Laurentius)、安德魯 (André) 等人，詳 Streit, Bibl. Mission., IV，S. 4, Nr. 7, S. 9, Nr. 13 等。

十一、克劈尼 (Carpine)、亞勢理惱 (Ascelino)、盧白魯克 (Rubruck) 等人往返蒙古後，蒙古王侯尤其伊兒汗國立成後之該國可汗與歐洲僧俗諸君長間之使節交換書簡往復頓盛。其書簡除見於文籍者外，實物現存者亦不少，足傳當時東西交涉之實狀。參看：Abol-Rémusal, Mémoires sur les Relations politiques des Princes Chrétiens, et particuliélement les Rois de France, avec les Empereurs Mongols, Mēmoires de I'Académie Royale des Inscriptions et Belles-Lettres, VI~VII，1821~1822. Pelliot, Les Mongols et la Papauté. Revue del'Orient Chrétien, Se'rIII，Vol 3, Nos, 1~2; Vol. 4, 1924, Nos. 3~4.

十二、關於伊兒汗與歐洲交通，參看 D'Ohsson, Histoire des Mongols, Amsterdan, 1852. Vols. III~IV；H.H. Howorth, History of the Mongols, PartIII, London, 1888 及前記 Rēnusat, Mémoires.

十三、馬可波羅遊記之重要刊本：

1. W. Mersden, Travels of Morco Polo, a Venetian, in the Thirteenth Century: being a Description...of remarkable places and things, in the Eastern Parts of the World. London, 1818.

2. G. Pauthier, Le Livre de Marco Polo citoyen de Venice...Publié pour la première foi d'après trois manuscrits inédits de la Bibliothéque impriale de Paris. Paris, 1865.

3. H. Yule, The Book of Ser Marco Polo, the Vention,... Newly-translated and edited, with Notes. London, 1871.2 vols, 3 rd. ed. revised throughout in the light of recent Discoveries by Henri Cordier. London, 1903.2 vols. 張星烺譯，《馬哥孛羅遊記》一卷，民國二十五年，商務印書館出版 (H. Cordier, Ser Morco Polo. Notes and Addehda to Sir Henry Yule's edition. containing the results of Recent Research and Discovery. London, 1920. 其姊妹篇也) 。

4. A.J.H. Charignon, Le Livre de Marco Polo,...annoté d'après les Sources chinoises. Tomes 1-II. Pékin, 1924~1926. 馮承鈞譯，《馬可波羅行紀》四卷，民國二十五年，商務印書館出版。

5. L.F. Benedetto, Marco Polo il Milione, Prima edizioneintegrale...Firenze, 1928.

6. A.C. Moule and Paul Pelliot, Marco Poro, The Description of the World, 4 vols, London, 1938.

十四、關於其古鈔本之種類所在等，詳 Yule-Cordier, Marco Polo, II，關於諸刊本，詳該書該卷及 Cordier, Bibliotheca Sinica, 2 meéd., VolIII或該氏之 Bibliotheca Japonica. 脫於此者，可參看前記 Cordier, Ser Marco Polo, 1920 及 Bibl Sin., Supplément.

十五、馬可波羅書中稱華北為契丹，稱華南當時南宋領土為蠻子，蠻子者，北方通行之稱呼也。稱北京為大都外，又稱汗八里(Cambaluc), 此為汗城之意，通用於蒙古人間，故自西域傳入歐洲方面之名也。呼今之杭州當時南宋存榮時代事實上首都之臨安，曰Khinsas, 從來異說紛如，據桑原隲藏、藤田豐八之研究，為行在二字之音譯。

十六、馬可波羅所記元代史事，據裕爾考狄 (Yule - Cordier) 本，有：(1) 宗室乃顏叛亂之平定，(2) 姦臣阿合馬之被殺，(3) 永昌大戰，(4) 李璮之亂，(5) 滅南宋，(6) 攻襄陽，(7) 鎮江府基督教堂之建設，(8) 常州屠城，(9) 征日本等項。

十七、馬可波羅記日本，日齊盤哥 (Chipangu, Jipangu) 為距大陸千五百公里之大島，人色白，甚開化，黃金無數。

十八、馬可波羅書中，以波斯語呼地名、部族名等處，甚多。反映當代事實，指出波斯語為宋元時代廣行東方之一種國際語之好例也。認此事之史的意義而強調之者，為伯希和 (P. Pilliot), 詳見 Influences des peuples iraniennes dans I'Asie sentrale et. au Extiême-Orient (Revue d'Histoire et Littérature religieuse, 1813).

十九、馬可波羅叙嘗任中國官吏，Pauthùer 以見於《元史・世祖本紀》至元十四年二月丁亥條"任樞密副使兼宣徽使領侍儀司事"之孛羅，為 Marco Polo; 又《元史・姦臣列傳》至元十九年三月，王著、張易等殺阿合馬 (Ahmad) 時，世祖命樞密副使孛羅等誅王著之孛羅，亦為 Marco Polo. 題其譯註之《馬可波羅遊記》曰"忽必烈樞密副使博羅本書，實誤。此孛羅並非 Marco Polo, 見田中萃一郎，《元の官吏登庸法に就いて》(《史學雜讀》二十七之三，1915.3）P. Palliot, Le livre de Marco Polo…par A.J.H. Charignon. (T'oung Pao 1927~1928). (Pauthier 記孛羅曰博羅者，據乾隆改訂本元史，別無他意。)

二十、關於仙拍德 (Sempad) 之書節，詳 Streit, Bibl. Missionum,

Ⅳ，S. 11, Nr. 14. Yule-Cordier, Cathay, 1, Suppl. Note, ⅩⅣbis. 自 Bouqet, Recueil des Historiens des Gaules et de la France, ⅩⅩ，Paris, 1840 中之 Grillaume de Nangis 撰《路易九世傳》，引其法譯全文。又本文之 P. 162, Note 1, 自 Mosheim, Historia Tartarorum Ecclesiastica, Helmstadii, 1741 附錄，英譯引用其一部。

二十一、海敦 (Hayton) 王旅行記有亞美尼亞王族 Argutinsii 之俄譯 (in Sibirskii Viestonik, 1822), 有 J. Klaproth 之法文重譯 (Voyages du pieux Roi des Arméniens, Héthoum auprès de Batou et de Mangou khan. Journ. Asiat., Sèr. Ⅱ, TomeⅫ, 1833). 別有 M. Brosset 法譯 (Deux historiens arméniens. Kinacos de Gantzac, ⅫIe S., Histoire d'Arménie 2 liv. St-Pót, 1870～1871), 又有 K.P. Patkanov 之俄文新譯 (Istoriya Mongolov po Armyanskim Istcchnikam VypuskⅡ1874), 英譯有佚名之 Journey of the Armenian King Hethum to Mangol Khan, Performedin the years 1254 and 1255, Translated from Armenian with Notes (Asiatic JournalⅩ. 1833). Bretschneider 又參考上記諸譯而譯之，The Journey of Haithon, King of Little Armenia (Journ. North-China Br. Roy. As. Soc, Ⅹ，1876. PP. 287 ff), 其後，Bretshneider 著 Mediaeval Researches, Vol. 1, London, 1883. pp. 164 ff, 再錄之。

二十二、史家海敦書原文（法文）有數種，收於 Recueil des Historiens des Croisades, Documents Arméniens, Ⅱ (Docum. latins et français relatifàl'Arménie). Paris 1906. 拉丁譯（增訂本）亦錄於該書。中國關係之部分，Yule-Corlier Cathay, 1, NoteⅩⅣ，pp. 260~262 引用之。且有自拉丁譯重譯之 Yule 英譯 (pp. 258~259). 詳見 Streit, Bibl. Mission., Ⅳ，SS. 42~44.

二十三、阿岐兒 (Ibn-al-Athir) 之傳，參考：Huart, A Hist. of Arab. Liter., pp. 26~27.

二十四、關於志費尼 (Djuvéni) 之史書，Browne 詳述於 Journal of

Royal Asiatio Society, Jan. 1904. pp. 1~17. 此書最古寫本(1290), 現存巴黎國民圖書館，第一、第二兩卷原文，Mirza Muhammad ibn 'Abru' l Wahhab Qazwini 出版之。(Ala'u'd - din'Ata Malik - i Juwayui, The Ta' rikhi-Jahan-Gushá. Part 1, containing the History of Chingiz Khán and his successors, edited with an introduction and notes and indices from several old MSS. Part II，Khuaresm… 'E.J.W. Gibb Memorial' Series, XV 1 and 2, Leyden & London, 1912, 1616)

二十五、拉施特 (Rashid)《史記彙編》, 最初翻譯者，為 Hammer Purgstatt or Purgstall, 僅最有興味之中國本部一章。後 Klaproth 考 Hammer 之譯，謬誤甚多，尤以人名、地名及外國語辭為甚，故於一八三三年（清宣宗道光十三年）重譯之，登刊於《新亞洲雜誌》(Norw. Journal Asiatique, Ser, ii，tom. xi, pp. 335~358, 447~470) 第十一册，克氏所譯，有時亦誤。《多桑蒙古史》第二册附錄中，亦有翻譯，較克氏所譯，增删大有不同。一八三六年（道光十六年），Quatremère 於《東方叢書》(Collection Orientale) 中，譯出《在波斯之蒙古史》(Histoire des Mongols de la Perse), 但僅其第一册，有拉施特傳，全書大綱，拉施特自序及旭列兀傳而已。波斯原文，亦為印出。歐文中，最佳之譯，當推 Prol.L.N. Berezin. (Sbornik lietopisei. —Istoriya Mongo1ov sochinenie Rashid Eddina. 《俄羅斯帝立考古學會東方部論叢》Trudy Vostoch. Ctdiel. Imp. Russ. Arkh. Obshch., V, VII, XIII, XV. St-Peterburg, 1858~1888). 貝氏取波斯文原書數種，謹愼校對，而後翻譯。貝氏又通東方中國、蒙古諸文字，故翻譯更較為易。波斯原文，亦同時刋出。其後伯洛歇 (N.E. Biochet) 為吉伯紀念叢書 (E.J.W. Gibb Memorial Series) 刋印拉氏史記波斯文全書，分年出版，一九一〇年（清宣統二年），《拉氏史記導言》(In truduction à l'Histoire des Mongos de Fadl Allah Rashid ed-din) 出版，一九一一年（宣統三年），其第一册突厥蒙古諸部列傳、成吉斯汗先世列傳及成吉斯汗本傳出版；其第二册，為窩闊台以至元成宗諸朝本紀，成吉斯汗諸子傳，波斯之蒙古藩王，由旭烈兀迄合贊諸王傳；第三册為合贊，鄂爾介都及不賽因諸王傳，亦陸續出版矣。關係拉氏史記之詳細目次及其古鈔本之所在等，見 Browne, Journ. Roy. Asiat. Soc., 1908, pp. 17~37.

二十六、拉施特詳傳，見 Quatremere 書之序說；Browne 之書，亦介紹有新資料。

二十七、瓦薩甫 (Vassaf) 史書原文五卷全部，一八五三年（清文宗咸豐三年），於孟買石印出版。第一卷附德譯 (Hammer - Purgstall, Geschi hte Wassaf's, Persisoh herausgegehen und deutsch übersetzt. Wien, 1856), 行於世。

第四章
第十四五世紀（元至明初）西人關於東方之知識

自馬可波羅歸還威尼斯前後，羅馬教會之中國方面布教，驟加熱度，東來之傳教師甚多，更傳新知見於歐人之間，已如前述。最著者，厥為約翰・孟德・高維奴 (Giovanni da Monte Corvino, 1247~1328).

一二七二年（宋度宗咸淳八年，元世祖至元九年），東羅馬皇帝邁克耳 (Michael Palaeologus) 為欲聯合希臘與羅馬兩教派事，遣約翰・孟德・高維奴 (Giovanni da Monte Corvino) 使羅馬教皇格利高雷第十世 (Cregory X) 之廷，約翰是時已充聖方濟各會 (Franciscan) 僧矣，事未成，約翰受命復往東方，至一二八九年（元世祖至元二十六年），復歸羅馬，報告基督教在亞洲西部盛況，其他君主及人民，皆願崇奉基督教，樂聞聖道；旭烈兀 (Hulaku) 之孫阿魯大王 (Arghun Khan) 待教徒之寬厚，尤侈言之。教皇尼古拉斯第四世 (Nicholas Ⅳ) 聞之，乃派約翰往東方傳教，給介紹書與阿魯大王、小亞美尼亞王后、雅各會 (Jacobites) 之教務大總管、討來思城 (Tauris) 主教、忽必烈大汗及海都大王 (Kaidu) 等，皆請善遇約翰。

約翰東行至塔伯利資城 (Tabriz, 即討來思 Tauris)，至一二九一年（至元二十八年），始由該處起身往遠東，投遞國書於忽必烈大汗，据其第一遺札，約翰乃由海道東來，在印度馬八兒國 (Maabar) 逗留甚久，第一遺札書成日期，為一三〇五年一月八日（元成宗大德八年冬或九年春），書有“余居此布教，無人輔助，幾十一年，前二年始有日耳曼科龍城 (Cologne) 僧人阿爾奴特 (Arnold) 來此捕助”。由此推之，約翰居中國已十三年，其抵中國日期，當在一二九二年（至元二十九年）也。書中又謂彼於一二九一年（至元二十八年）離討來思往印度，在印度勾留十三月，即使彼於一二九一年底離討來思，閱十三月，當在一二九三年一月或二月（至元三十年），仍當元世祖未崩前，故約翰必得見世祖也。一二九四年（至元三十一年）世祖崩，成宗即位，約翰留此地者約三十四載，至一三二八年（元天順帝天曆元年）逝於大都，專心於羅馬正教之布教。其事業，初極難，孤立無援，備嚐辛酸；一三〇七年春（元成宗大德十一年），羅馬教皇得悉約翰在東方勞苦功高，乃特設汗八里即大都總主教一席即以約翰充之，給約翰權力比於教務大總管，總轄契丹蠻子各處主、教 (Bishop)、高僧 (Prelate) 等，直隸教皇，小事不報，僅須承認教皇為宗師及自教皇承領袈裟與袈裟傳襲須得教皇允許而已。同時復派主教哲拉德 (Gerard)、裴萊格林 (Peregrine of Castello)、安德魯 (Andrew of Perugia)、尼古拉斯 (Nicholas of Bantra or of Apulia)、安德魯梯斯 (Andrutius of Assisi)、賽福斯多德 (Ulrich Sayfustordt) 及威廉 (William of Villeneuve) 等七人，携教皇詔書往契丹，傳教皇命，兼駐該地襄助約翰，七人中安德魯有一遺札，至今存留，據其遺札，則七人中，僅哲拉德、裴萊格林及安德魯三人得達目的地，傳教皇命旨，授約翰總主教之職，三人以後相繼為刺桐港 (Zàyton) 之主教，尼古拉斯三人，行至印度，因不慣天氣，皆病死，威廉則未曾起程。一三一一年（元武宗至大四年），教皇克萊孟第五世 (Clement V) 復派拖瑪斯 (Thomas)、哲羅姆 (Jerome) 及佛羅倫斯市 (Florence) 人彼得 (Peter) 為主教，往遠東佐助約翰。約翰之活躍益盛，奐新教堂建立於大都街衢，紅十字架高立房頂，讚美歌聲，洋溢人耳，《新約》全書，譯成蒙文，是皆其成績也。享年八十餘歲，逝於此地，知與不知，無不哀悼，亦足想見其德望也。

約翰居華，遺書簡二，一為一三〇五年（元成宗大德九年）一月八日發自汗八里者，記旅程等；一為一三〇六年（大德十年）二月十三日發自該市與聖方濟各派總長，記自己布教事業，關於聖圖之製作，教堂之建築，青年之教化等，亦有所叙述；並言及中國、印度等地事情，最後懇請增派僧侶，以資助理。此書簡，於東方知識，無所增益；但足徵當時基督教在華狀況，實極貴重之資料也。

約翰之外，安德魯、裴萊格林亦有遺札，但甚簡，此時代須特筆者，其為鄂多立克 (Odorico da pordenone) 乎？

鄂多立克 (Odorico da Pordenone, 1265～1331)，意大利福柳利 (Friuli) 州頗代儂娥 (Pordenone) 人也。少時卽入聖方濟各會，在烏丁 (Udine) 寺內修道，以能節慾苦行著名。一三一六年（元仁宗延祐三年），卽起始旅行，一三二一年（元英宗至治元年）留居印度西部，後來中國，居北京三年，考其時間，當在一三二二年（至治二年）至一三二八年（元文宗天曆元年）。一三三一年（元文宗至順二年）一月十四日卒於里第。

鄂多立克之紀程，起始於君士旦丁堡，由是而至忽里模子 (Hormuz)，乘船泛海，抵印度西岸塔納港 (Tana)，更至俱藍 (Kulam)、錫蘭島及聖多默墓地 (St. Thomas) 今稱馬達拉斯市 (Madrās)；由是而再東，至蘇門塔臘、爪哇、婆羅洲、占婆，終乃於廣州登陸，再至泉州，由泉州至福州；由福州經仙霞嶺，下錢塘江至杭州、金陵；更渡江，由揚州沿運河北上而達汗八里（卽大都）。在汗八里居住三年之久，是時約翰·孟德·高維奴尚生存，惟年已幾八十矣。後離大都西行，橫斷亞細亞內陸，經波斯返國。所記經西藏拉薩者，如勞佛爾

(Laufer) 所批判，蓋據傳聞耳！隨鄂多立克同行者，有愛爾蘭大僧哲姆斯 (Friar James)，事蹟無考，為可惜也。

鄂多立克布教東方途上之見聞，使人代書，遺於後世。所謂鄂多立克紀行，東方塔兒塔利奇聞是也。原名無定稱，普通謂之《鄂多立克會友遊記》(*Itinerarium Eratris Odrico de Foro Julii. Ordinis Fratrurn minorum, de mirabilibus Orienta'ium Tartarorum*. Foro Julii 亦稱 Friuli)。此紀行有二本皆輾轉抄寫，以傳於世，近世刊本，將近二十種，拉、意、英、法、德各譯本悉備，而以考狄 (Cordier) 之譯註本（法文）及裕爾 (Yule)、考狄 (Cordier) 共校之原文（拉丁）英譯對照本，最膾炙人口。鄂多立克在錢塘江上流，見漁人用鸕鷀捕魚，在杭州見婦人纏小足：富貴之家，喜留長指甲：大汗國全境，劃分十二省，每省有瓦細兒 (Wazir, 宰相之意) 四人管轄，皆為中國確情，中世紀歐洲東來旅行家，無有言之者，即《馬可波羅遊記》，號稱最詳，亦無此等記載也。

鄂多立克東方紀聞盛行之結果，生滿德威爾 (Sir John Mandevelle)《東方見聞錄》出現之機緣。英國騎士滿德威爾生於一三〇〇年（元成宗大德四年），初業醫，後自一三三二年（元寧宗至順三年）至一三七二年（明太祖洪武五年）四十年間，廣遊亞細亞各地，自著一書，發表其見聞。據其書，先訪柏來斯丁 (Palestine) 聖地，往埃及從戎，旅行亞細亞，觀光於印度、中國各地，居汗八里者三載。似屬實見目睹，而皆屬架空妄談；可信者，僅其一部分，足跡所至，不過埃及、敘利亞，其他皆借資於前人所記。蒙古中國本部方面，基於勃拉奴・克劈尼及鄂多立克，負於鄂多立克者尤多，謂為鄂書之脫胎換骨，亦無不可。然此書一出，洛陽紙貴，喚起東方趣味於歐西人士間焉。

印度地近基督教發源地。其傳入也，自當較早。野史所載，謂當耶穌未死前，印度王剛達福魯斯 (Gondaphorus) 遣商人阿班 (Affan)

至西方求築宮殿良工，耶穌乃使其徒聖多默 (St Thomas) 偽充奴僕，賣與阿班。聖多默固精於工者，往印度後，乃說剛王使為基督徒。多默後又往印度別國，說其王苗杜斯 (Meodeus)，不遂，被殺，葬某山上。三九四年（東晉孝武帝太元十九年）骸骨移葬小亞細亞愛代沙 (Edessa)。印度西海岸在甚早時期，已有聶思脫里派徒往其地傳教。唐高宗時，聶派教務大統管哲蘇家布斯 (Jesujabus of Adiabene) 致書責法兒斯 (Fars) 省總主教，不遣教士往印度俱藍國 (Colon)。以後不久，聶派在印度西岸，勢亦根深蒂固。

覺達奴斯 (Friar Jordanus)，葡萄牙人，生死年月皆不可攷。有拉丁文《東方異聞記》(*Mirabilia Descripta*) 一書，遺留後世。亨利裕爾嘗譯成英文，出版於一八六三年（清同治二年）。亦為哈克魯亦脫學會 (Hakluyt Society) 業刊之一。據各种攷證，覺達奴斯似於一三〇二年時（元成宗大德六年）曾從托倫梯奴 (Tolentino) 人拖瑪斯 (Thomas) 及其他僧人十二名，經內革羅滂德 (Negropont) 及梯伯斯 (Theoes) 而往亞洲。曾至印度西海岸俱藍國 (Kaulam＝Columbum)。後歸歐洲，一三二八年（元文宗天曆元年），被任為印度主教。此時覺達奴斯年究若干，無從稽查。遲至一三三〇年（元文宗至順元年），始由歐洲起程赴印度就職。《東方異聞記》之著成，卽在受命之後，離歐赴任之先，中間二年也。在印度西海岸闊加 (Caga) 及塔那 (Tana) 時，曾兩次致書在波斯之同事，言傳教情形。今遺札尚存。惟曾否再往俱藍就主教之職，則不可知矣。二十年後，馬黎諾里 (Merignolla) 歸自中國，道過印度俱藍時，不言覺達奴斯，亦未記有他主教也。

約翰·孟德·高維奴、鄂多立克等之外，此時代布教僧之須特記者，其為元末順帝至正間來居大都之馬黎諾里 (Giovanni de Marignolla) 歟？馬黎諾里個人歷史所可知者，僅於其著作中，略得一二而已。馬黎諾里之族，為中世紀意大利佛羅倫斯 (Florence) 望族，馬黎諾里約生於一二九〇年（元世祖至元二十七年）之前，嘗充小級僧人 (Minorites)，奉使東方之記載，在《波希米亞史》(*Chronicle of Bohemia*) 中，全無次序，不能稱之為遊記。一三三八年（元順帝至元四年）奉教皇命東來布教，一三四二年（元順帝至正二年）入汗八里，九月十八日（七月十八日丁亥）順帝引見於慈仁殿，鬻其所獻名馬，事見《元史》卷四《順帝紀》及歐陽玄《圭齋集》卷一。留汗八里者四載，一三四六年（至正六年）就歸途，過黃河，訪杭州、泉州，海路西航，一三五三年（至正十三年），抵阿維南 (Avignon)。遞呈大汗國書於教皇英諾森德第六世 (InnocentⅥ)，國書中敘述大汗崇仰基督教規，愛敬其徒，承認其基督教臣民可以服從教皇訓令，並請增派傳教師至遠東云。一三五四年（至正十四年），日耳曼皇帝察理第四世 (Charlos Ⅳ) 至羅馬城，行加冕禮時，得遇馬黎諾里。察理人品卑鄙，然聰明好學，在位時獎勵學術。至是聞馬嘗奉使遠東，故招之，遂隨歸日耳曼，命著波希米亞史，其書古代人士見之者甚鮮，東藏孛拉格市 (Prague) 教堂塵土內四百餘年，無人顧問。一七六八年（清高宗乾隆三十三年）傳教師多不內 (Reverend Galasius Dobner) 著《波希米亞通史》，始將馬黎諾里之作取出，列之於其書內，世界學者方得讀其書。然多不由之功，不過將抄寫本，變作刻印本而已。一八二〇年（清嘉慶二十五年），德國人梅諾脫 (J.G. Meinert) 始將多不內通史中馬黎諾里遊記提出，依其原文，重行清理，加以註解。於是世人始得知有馬黎諾里之書，並當時中國朝廷與羅馬教皇通聘之事蹟。一八五六年（清咸豐六年），德國孔斯曼 (F. Kunstmann) 亦有註釋，英國亨利裕爾據此二書，譯成英文焉。

約翰・柯拉 (John de Cora) 者，駐波斯國孫丹尼牙城 (Soltania) 總主教也，著有《大可汗國記》(*The Book of the Estate of the Great Caan*) 一書。原書為拉丁文，在甚早時期，卽有依勃雷 (Ypres) 地方高僧長

約翰 (John le Long) 譯成法文。近代各書所傳者，皆譯自法文，而拉丁文原本，則久已散佚。約翰柯拉籍隸意大利甘勃那省 (Roman Cainpagna) 柯拉邑，為多敏我派僧人。以一三二九年（元文宗天曆二年）八月九日，受教皇約翰第二十二世 (John XXII) 之命，為波斯國孫丹尼牙地方之總主教。孫丹尼牙城在可疾云 (Kazvin) 及贊章 (Zendjan) 二城之間，古代米底亞國 (Media) 境內，為一三〇五年時（元成宗大德九年）旭烈兀 (Hulagu) 之曾孫鄂爾介都 (Oldjaitu) 所建，鄂爾介都建此城後，常駐於此。以後不賽因 (Abu Said) 亦常駐此。故此城幾如波斯之都城。孫丹尼牙總主教一席，產生於一三一八年（元仁宗延祐五年）五月一日。第一任總主教，為排魯幾亞 (Perugia) 人佛蘭克斯 (Francus), 一三二三年（元英宗至治三年）六月一日，他調。繼任者為威廉亞當 (William Adam), 至一三二九年（元文宗天曆二年）八月九日，調往巴爾幹半島安梯瓦離 (Amtivari) 港。繼任者卽著《大可汗國紀》之柯拉人約翰也。《大可汗國記》約作於一三三〇年（元文宗至順元年）左右。計自一三〇八年（元武宗至大元年）卽在東方，嘗為調和亞美尼亞教堂與羅馬教堂事，頗著勤勞。久與異教之人相處，故東方情形最為熟悉。亞洲西部各國之戰爭，皆身親其境。嘗至印度洋索柯脫拉島 (Socotra)。又嘗隸基奴亞水師，擊敗土耳其人數次。曾否親至中國，無由攷知。惟據《大可汗國記》所載約翰・孟德・高維奴葬時景況，似曾親臨其役也。《大可汗國記》之外，約翰又有獻法蘭西國王腓力 (Philip ef Valois) 征服東羅馬帝國、剿滅突厥（卽土耳其）、收回聖地諸策，皆尚存在。

高僧長約翰，法國北部依勃雷 (Ypres) 人，充聖俄墨兒 (St. Omer) 地方聖貝丁 (St. Bertin) 寺僧人。嗜地理學，嘗搜輯及譯註各種遊記，為以後賴麥錫 (Ramusio)、哈克魯亦脫 (Hakluyt)、勃察司 (Purchases) 諸家之光導，法文譯本《大可汗國記》尚有寫本二種，藏

於巴黎國立圖書館 (Bibliothèque Nationale)。又有一種在《闊東叢書》(*Cottonian Collection*) 內。一五二九年（明世宗嘉靖八年），法文譯本，始在巴黎刊布。法人賈凱 (M. Jacquet) 又將法文譯本，在法國亞洲雜誌 (*Journal Asiatique*, Ⅵ，pp. 57~72) 上，刊印一次。一八七七年（清光绪三年），法人巴克爾 (L. ouis de Bacher) 著《中世紀極東諸國記》(*L'Extreme Orient au Moyen age*) 一書，出版於巴黎，《大可汗國記》見該書第三三五頁至三四六頁。一八六六年（清同治五年），英人亨利裕爾著《東域記程錄業》(*Cathay and the Way thither*) 一書，復據法國《亞洲雜誌》賈凱所刊印者，譯成英文。見該書第二版第三册八九頁至一〇三頁。約翰柯拉亦教會中人，藉其果曾親至中國，亦必以教務而來者也。《大可汗國記》所記凡十條：(1) 國中政治，(2) 契丹國教皇，(3) 契丹國風土，(4) 汗八里及喀綏二大城之治理，(5) 國中所用貨幣，(6) 人民生活狀況，(7) 葬法，(8) 國中小級僧人 (Min or Friars) 狀况，(9) 國中聶派叛教者之狀況，(10) 大可汗對基督教徒之恩眷。

西班牙國駐阿力麻里城 (Armalec) 傳教師巴斯喀爾 (Pascal), 西班牙國維多利亞城 (Vittoria) 人也。齠齡入聖方濟各教會，及壯被遣往中央亞細亞察合台汗國，阿力麻里都城宣道。瓦丁 (Wadding)《聖方濟各教會史》(*Annales Minorum* =*History of the Franciscan Order*) 第七册，有巴斯喀爾事蹟及遺札一篇。巴斯喀爾初在西班牙國維多利亞城某寺內充教士，受命往阿力麻里傳道。一三三八年（元順帝至元四年）八月七日，嘗由該城寄書維多利亞友人，報告情形，讀其書而知巴斯喀爾為人滿腔熱血，不辭艱難，願以身為信守及職務而犧牲。幾於自知不久必有大難臨頭，而仍不屈不撓，死而後已。書發後，未及一年，巴斯喀爾果為回教徒所戮。馬黎諾里於其死義後一年，奉使往北京，過阿力麻里城，亦得悉其事，故於其奉使記中，有表旌之語，約

翰文透吐爾 (John of Winterthur) 宗教史亦載之。意大利皮撒市 (Pisa) 人巴拖羅謀 (Bartholomew) 在十四世紀末葉，著《聖徒傳》，亦詳記巴斯喀爾死義情形，所記與瓦丁無多出入。其遺札曰：“阿力麻里城在米底帝國之中央，契丹總牧師管理區 (Vicariat of Cathay) 境內，計由玉龍傑赤、波斯（伊兒汗國）、韃靼（欽察國）邊界起，以至阿力麻里，全途間，余皆終日與薩拉森人為伍。所有言語、行動、衣服，皆遵耶穌基督而行。薩拉森人時以毒藥供余，投余於水，飽余以拳，以及種種損害，有非一函書札所能盡述者。”

然當時來華活動，傳其見聞於西方者，不僅布教僧人，威尼斯、基奴亞、皮撒等地商人，自海路活躍東方者甚多；陸地橫斷中亞高原，商販中土之歐西賈人，亦不鮮。此種情形，據約翰·孟德·高維奴、馬黎諾里等人記述可知。最足證實者，厥為裴哥羅梯 (Balducci Pegolotti) 之《商業指南》(*Pratica della Mercatura*)。是書也，歐洲商人往來極東之結果，東方貿易之指南針也。其中關於中國、印度、中亞之知識，當然為商人齎回費料之集成，而使此書出現之必要及可能之環境，亦彼等東方活躍之所賜也。今據此書一瞥當時之東方商路。“由塔那 (Tana) 至靖塔昌 (Gintarchan＝Astrakhan)，乘牛須行二十五日，乘馬車約十日或十二日，途間頗有盜匪，由靖塔昌至撒雷 (Sara) 有河道可通，乘船一日即至；由撒雷至撒拉康科 (Saracanco)，乘船八日可至，不由水道，陸道亦可至，然由水道，貨物運費頗小也。由撒拉康科至玉龍傑赤 (Organci) 乘駱駝車二十日可至，帶貨而行，必可獲利。玉龍傑赤商務繁盛，貨到卽可消出，由玉龍傑赤至斡脫羅兒 (Oltrarre)，乘駱駝車，三十五日至四十日可至，若無貨物隨行，可由撒拉康科直至斡脫羅兒，僅五十日程耳！較之繞道玉龍傑赤便捷多矣。由斡脫羅兒騎驢帶貨，四十五日可至阿力麻里 (Armalec)，途間盜匪甚夥，幾於每日皆可遇之；由阿力麻里騎驢七十日可至甘州

(Camexu)，由甘州騎馬四十五日至一大河名曰〇（原文河名缺，意即長江也），復由河道下行，至京師 (Cassai＝Cansai＝Quinsai，即杭州)，其地商務最盛，可將隨身之銀錠換紙鈔，鈔名巴立西 (balishi)，紙鈔四張，值契丹銀錠一索摩 (Sommo)，由京師至汗八里 (Cemalec＝Cambalec) 王都三十日程。”按此路程為多數人所經由者也。

元代回教徒旅行家依賓・拔都他 (Ibn Batuteh, 1300～1477) [1]亦甚著，本名曰阿布阿伯特拉・摩哈美德 (Abu-Abdullah Mahomed)，摩洛哥國 (Morocco) 丹吉爾港 (Tangier) 人也。生於回教紀元七〇三年七月十七日（耶穌紀元一三〇四年二月二十四日，元成宗大德八年正月），歐洲人所稱中世紀四大旅行家之一也。馬可波羅以外，其鄂多立克及尼哥羅康梯 (Nicolo de Conti) 二人，皆不及拔都他行程之遠，在外之久，及記載詳明也。《拔都他遊記》卷帙之多，較之《馬可波羅遊記》，且有過之；唯關於中國部分之詳確，不如波羅而已。拔都他之旅行，始於年方二十二歲，時在回教紀元七二五年七月二日，即耶穌紀元一三二五年六月十四日（元泰定帝二年五月）也。由摩洛哥東行，橫越非洲北部，周遊柏來斯丁 (Palestine)、敘利亞 (Syria)、默底那 (Medina)、麥嘉 (Mecca)、波斯、美索不達尼亞、小亞細亞、南俄羅斯、中亞、印度、錫蘭、蘇門答臘等地；經占城至泉州，上陸，歷訪廣東、杭州、汗八里（大都）；再自印度，經西亞、埃及，歸摩洛哥，回教紀元七七六年即耶穌紀元一三四九年（元順帝至正九年）十一月入非斯 (Fez)。其後又至西班牙，轉至非洲中部，回教紀元七八一年即耶穌紀元一三五四年（元順帝至正十四年），再回非斯。未久，摩洛哥蘇丹命將其紀程，筆之成書，唯記錄者，非拔都他本人，乃蘇丹

[1] “1300~1477”當爲記依賓・拔都他生卒年，疑有誤。據下文看其或爲1304~1377。——編者註

之秘書摩哈美德・依賓・玉髓[1] (Mahomed Ibn Juzai) 也，拔都他僅口述而已。回教紀元七五七年卽耶穌紀元一三五五年（至正十五年）十二月，此歷時二十八載，行程七萬五千哩之大遊記，於焉告成。書成之年，玉隨亦死，依賓・拔都他亨壽之高，遠過於其筆錄人。唯自是以後，亦不復遠遊，常居摩洛哥，至回教紀元七七九年（耶穌紀元一三七七年至一三七八年之間，卽明大祖洪武十年或十一年也）卒於里第，享壽七十有三。

《拔都他游記》歐人最初知之者，為德國人細村 (Seetzen)，一八〇八年（清仁宗嘉慶十三年）細村歸自東方，帶有節本《拔都他遊記》及其他寫本書數種，藏於哥他 (Gotha) 圖書館，細村嘗於《柴哈 (Zach) 月刊》第十七號，登一詳細通信，一八一八年（嘉慶二十三年），柯賽格敦 (Kosegarten) 在夜那 (Jena) 將細村携歸之原文，及三節之譯文，刊布於世，翌年，阿倍資 (Apetz) 又將其第四節嘛囉拔遊記發刊。同年，白開哈德 (Burckhardt) 之牛比亞 (Nubia) 遊記在倫敦刊布。其書附錄有關於拔都他之短文一篇，白氏所得者，較之哥他圖書館所藏者，實為詳備。白氏死後，其所得寫本節錄三種，皆歸英國劍橋大學 (Cambridge University)，由此三種寫本，李依 (S. Lee) 譯成英文，一八二九年（道光九年）刊布於倫敦，其中錯誤頗多，十八世紀末，葡萄牙人安敦・毛拉 (Antonio Moura) 在摩洛哥京城非斯，獲得寫本《拔都他遊記》一種，毛氏譯成葡萄牙文，一八四〇年（道光二年）[2]，其第一册，在葡京出版，其第二册，則似竟未刊布。同時非洲北部阿爾及耳 (Algiers) 及孔士旦丁那城 (Constantina) 為法國征服，法人獲得寫本《拔都他遊記》五種，現皆存於巴黎國立圖書館，其中僅有兩種完全；而兩種中，又有一種為原筆錄人依賓・玉隨之手

❶ “玉髓”即下文“玉隨”。——編者註

❷ 1840年爲道光二十年。——編者註

筆，誠可寶貴，由是引起甚多法國學者研究拔都他矣。一八五八年至一八五九年（咸豐八九年）間，戴甫萊梅利 (M. Defrémery) 及桑柱奈梯 (Dr. Sanguinetti) 二人，始將全體法文譯文及阿拉伯原文精密校刋，書總四册，其人地名目錄及註解，附後書後，戴桑二氏之作，實為空前絕後，所有以後研究拔都他者皆引此為藍本。亨利裕爾之英文《拔都他孟加拉南洋羣島及中國遊記》，麥錫克 (Hans von Mzik) 之德文《拔都他印度中國遊記》，皆自法文重譯者也。裕爾之英文譯本，在其所著之《東域紀程錄叢》(*Cathay and the Way Thither*) 中。

拔都他之書，可信與否，評論家紛紛其說，拔都他同時之人，多以拔為造謠說謊之人，依賓·哈爾東 (Ibn Khaldum) 之《緒論》(*Prolegomena of Ibn Khaldun*) 記拔都他在非斯王宮中，詳述德梨 (Delhi) 大蘇丹摩哈美德·圖格臘克 (Mahomet Tughlak) 之財產鉅萬，大度好施後，"聞者皆互相耳語，謂拔為說謊之人，所言者盡皆謊語也"。此等評論，毫無價值，《馬可波羅遊記》發布後，其里人亦有同等之議論也。近代專家法國研究家戴甫萊梅利及桑柱奈梯二人謂《拔都他遊記》可以信為眞確。並引荷蘭萊登 (Leyden) 人杜遂 (M. Dozy) 之言，謂拔乃誠實之遊歷家 (Cet honeste Voyageur) 也。杜勞里爾 (Dulaurier) 亦視拔為可信。萊奴德 (Reinaud) 及男爵馬古京德斯雷恩 (Baron McGuckin de Slane) 皆謂拔都他好談怪誕不經之事，尤以遠東諸章為然也。克拉勃羅德 (Kłaproth) 則痛責拔都他於多處，不詳述有興味之風土人情，而好以回教先賢之寓言，填滿紙面也。亨利裕爾謂克拉勃羅德僅知李依之簡譯，未窺全豹，所評論者，不免有欠公道，然拔都他之書有多節，似亦確有其情也。裕爾又謂拔在回教徒中，可謂為世界人物，多才多藝，時而從軍，時而為律師，時而為牧師，其眼界宜乎廣矣。然有多處，所記不甚可恃，腦經亦不若同時淺隘之基督教高僧之銳敏，若較波羅氏則更不可以道里計矣。回教徒之腦際，似不知愛惜眞理，因之不知據實記載之可貴也。又謂所記在中國時之歷史事蹟，乃完全虛構，拔謂中國北部人用象載重，亦如麥爾爪哇 (Mul-Java, 即暹羅) 人所為，此語尤足使人疑拔都他之足跡，固未嘗至中國北部也。中國北部除外國所貢寥寥數象以外，人民從無用象負物，拔都他未至北京，已瞭然矣。法國學者費瑯 (M. Ferrand) 謂拔都他決未至印度支那 (Indo-China, 即安南) 及中國本部，可斷言也。其書中數章，記以上諸國者，皆偽造也。德人麥錫克 (Hans von Mrik) 之評論，則較上方法國二專家為寬仁。麥氏曰："拔都他能阿拉伯語，又略知波斯語、土耳其語、印度語，其餘各國之語，皆非所知。其至外國也，全恃舌人翻譯，其塔瓦利西及中國兩章，使人啟疑者，未始非舌人展轉誤譯之故也。欲知拔都他遊記之眞僞，驟下斷語，誠不易事也。"就其大概言之，《拔都他遊記》全書，醇逾此疵，可信者多，證明《馬可波羅遊記》及其他中世紀遊歷家者不鮮也。除各種草率謬誤，及偶爾膚泛不精之記載以外，全書中，僅中國北部之記載，使人可決其為偽造耳。

承蒙古勃興之後，至十四世紀中葉，東西交通猶盛，東方知識，傳播歐西；自蒙古帝國內亂分裂，此傾向日漸衰微，教皇廳屢傳布教師之東派，而方向寂焉不明。一三六八年（元順帝至正二十八年，明太祖洪武元年），元朝瓦解，明太祖一統中華，對基督教，表示排擊，東西聯絡，乃生障礙，加之，中亞、西亞回教團之抬頭顯著，極東與歐西之連繫垂絕；東方事情之西傳，殆至絕跡。其後百數十年，依東印度航路之發現，葡萄牙商船現其帆影於印度洋、南中國海，甚至無知此等土地名稱之嘗為歐西人士所熟悉者。然十四世紀中葉至十五世紀末，約一世紀半之間，詩人文士，有時於作品中，點綴以契丹之名；或如自西班牙、德意志出使帖木兒之廷者，將傳聞之中華事物，筆之以介紹於西人；或聞之東方旅行者，傳契丹事情於世；或發揮此等知識於圖上，於地圖學史上，占特異位置。其中之最著者，為克拉維局 (Ruy Gonzalez de Clavijo)。

克拉維局 (Ruy Gonzalez de Clavijo, ？~1412) 奉西班牙王命，通好於帖木兒，以一四〇三年（明成祖永樂元年），抵撒馬兒罕，留於該城凡二年，至一四〇五年（永樂三年），始歸，著有《奉使記》一書。克拉維局何為自遠西西班牙派在中亞新興國主帖木兒跛王 (Timur-i-leng>Tamerlan) 之廷乎？十四世紀時，歐洲諸國於蒙古外，又發現一強敵，即鄂托曼土耳其 (Ottoman Turks) 是也。本突厥一小部落，舊居阿爾泰山麓，一二二五年（宋理宗寶慶元年），其酋長蘇利曼 (Suleiman) 為蒙古人所驅，率領部族五萬人，移居亞美尼亞，其子伊川格羅耳 (Ertrogrul) 臣事塞爾柱土耳其 (Seldjuk Turks)，移居小亞細亞之昂哥拉 (Angora) 附近，伊川格羅耳卒，子鄂斯曼 (Osman, l288~1326) 代領其衆，蠶食東羅馬之小亞細亞領土，勢力日張，始建國自稱皇帝，是為現今土耳其帝國之始。鄂斯曼卒，子烏爾眞 (Urchan, 1327~1360) 立，遂取尼加 (Nicaea)，併吞東羅馬之亞洲領土全部，制定憲法，整理制度，設常備軍，以整頓武備，國勢日強。烏爾眞殂，子模拉持一世 (Muiat I, 1361~1389) 立，略取斯雷西亞 (Thracia)，奠都亞得里亞堡 (Adrianople)，以逼東羅馬，又征服塞爾維亞 (Servia)、保加利亞諸小國，包圍東羅馬四面，塞爾維亞、波斯尼亞 (Bosinia)、亞爾巴尼亞 (Albania) 等部，起聯軍抗拒，模拉特自將擊破之，帝亦中傷，沒於陣，子巴牙卽 (Bajazet) 立，征服馬其頓 (Macedonia) 希臘各地，又取愛琴 (Aegean) 海羣島，東羅馬水陸交通要道皆斷絕，國勢益危，西歐諸國震駭，德法兩國武士組織十字軍東征，推匈牙利王西吉司門 (Sigismund) 為元帥，率之援東羅馬，一三九六年（明太祖洪武二十九年），巴牙卽自將逆戰於尼哥坡利 (Nikopoli)，大破其兵，乘勝圍君士坦丁都城，東羅馬危急。當是時，巴牙卽威震四方，人呼之為雷公，既破東羅馬兵，又與埃及蘇丹通好，謀夾攻帖木兒，拓地於東方，帖木兒聞警，遽自印度歸，先長驅定屬地之亂，遂入敘利亞，破埃及兵，取大馬士革等城，遂移兵入小亞細亞，襲土耳其背面，巴牙即聞警，遽撤君士坦丁圍，率師三十萬，還救根本，一四〇二年（明惠帝建文四年），與帖木兒兵二十萬，大戰於昂哥拉，敗績，被執，檻至撒馬兒罕，愧忿而卒，土耳其之勢中衰，帖木兒遂定小亞細亞全土，而東羅馬與土耳其餘衆，分扼守博斯破魯斯 (Bospotus)、黑勒斯奔 (He. lespond) 兩海峽，帖木兒兵終不得至歐洲而還。巴牙即軍中，有視察兩軍戰況之歐洲諸君長使節為陪，西班牙使臣亦在其中，帖木兒待之甚厚，派臣下送歸鄉國，帖木兒使臣東歸時，克拉維局受命為答禮使節團長，隨之東來，一四〇三年（明成祖永樂元年）海路抵君士坦丁堡，陸路過波斯，一四〇四年（永樂二年），到撒馬兒罕城，正明成祖即位元年，中國使節有到撒馬兒罕王廷者，克拉維局將傳聞之中國事情及目擊之各種事務，綴成《塔木爾蘭大帝史》(*Historia del Gran Tamorlan*) 一書，據此，關於中國所記雖不多，帖木兒行將實行之侵明計劃，領內諸種事情，可得而詳。研究中亞、西亞之史家，甚珍重之。即帖木兒領內整然之驛傳制度，撒馬兒罕之壯麗建築物，集於此地之學者、美術家、工匠，帖木兒之宮殿，小亞細亞凱旋後，侵明出發前盛大之燕飲情況，以及帖木兒自身及其諸子、諸姪之性行，維持秩序之嚴酷諸規制等，皆有正確詳密之記載，一四〇四年（永樂二年）末，去撒馬兒罕，就西歸之途。途中聞帖木兒東行途上殂落，後繼者間內訌勃發，物情騷然云。

《克拉維局遊記》原文外，有馬克姆 (Mark ham) 英譯，中國關係之項，裕爾考狄拔粹，載於《東域紀程錄叢》(Cathay)。

明初，又有德國遊客約翰・細爾脫白格 (Johann Sildtberger) 者，嘗至中央亞細亞察合台國；執役於帖木兒 (Timur) 之軍隊中多年，至一四二七年（明宣宗宣德二年），始歸德國，著有遊記一書，其中略記中國，蓋在帖木兒朝廷時所親見者也。德國學者諾曼 (Karl Fr. Neumann) 印行之，布隆 (Prof.P. Bruun) 英譯之，關於中國，所記不多，如帖木兒對明態度，出師企圖等，雖頗瑣碎，但甚珍貴。

鄂托曼・土耳其 (Ottoman Turks) 昂哥拉一戰，雖遭敗衄，但國祚並未動搖，半世紀後又興，陷君士坦丁堡，滅東羅馬帝國(1453), 歐洲歷史遂惹起一大變動。長期角逐於地中海之威尼斯共和國，仍以遠交近攻為策，於帖木兒瓦解後，與波斯同盟，特派使節，駐於塔伯利資，如覺撒發・巴巴羅 (Josafat Barbaro)、克鐵里諾・切諾 (Cat. Zeno)、安布羅吉・奧根他里 (Ambrosio Contarini) 等，皆有留東記或東方紀遊之作，供史家以研究資料，中國傳聞，混在其間。党撒發・巴巴羅駐塔伯利資前，一四三六年（明英宗正統元年）至一四五二年（明景宗景泰三年），以商用，經南俄羅斯，旅於波斯，紀行所錄，主要為此時期之見聞。巴巴羅之書，以著者為有充分教養之士，頗多優點，但因其學識，反致有記述不正確之缺點，卽記載直接見聞，猶以為未足；更添加以文獻上之知識，以極粗漫之方法，作古地名之比定，甚乏根據，殆不足信。巴巴羅於一四三六年（正統元年），嘗奉使波斯，路過黑海北岸塔那港 (Tana), 得遇韃靼人某，其人嘗受窩爾加河畔蒙古王（按卽拔都後裔）之命，出使中國，至北京，巴巴羅與之會談後，大悅，訪問中國情形頗詳，一四八〇年（明憲宗成化十六年），巴巴羅自著《奉使波斯記》(*History of the Embassy to Persia*), 韃靼某君談話亦列入之，其最古版本，為賴麥錫 (Ramusio) 《遊記叢書》(*Navigation et Viagi*) 第二册，一八六六年（清穆宗同治五年），裕爾將中國關係之部譯出，及陶馬斯 (William Thomas) 全譯本出，更與學界以至大方便。

東方知識，又依商人傳至後世，威尼斯商人尼哥羅・康梯 (Nicolo

Conti) 之《東方諸國歷遊記》，其最著者也。康梯為商人中鮮見之教養之士，以旅行歐羅巴、敘利亞、印度間著名。為最初遊歷印度內地，泛舟恒河之上者，時當一四三〇年（明宣宗宣德五年）左右也。一四三八年（明英宗正統三年）博嘉・勃拉其奧利尼 (Poggio Bracciolini) 以拉丁語記其口述，收於所著《變轉之命運》(*De Varietate fortunae*) 第四卷，康梯有歐洲傳統之教養，達於東方語言，其所見聞，多有可傳。康梯未言明曾否抵契丹，然關於中國，則有一節記錄也。亨利裕爾謂據其內容，康梯必已曾達中國，而亨利考狄則又以為未至中國，蓋苟曾親至中國，不當再用《馬可波羅遊記》之古地名，而應用中國人新名，如以後之葡萄牙人也。康梯敘汗八里西亞 (Cambaleschia) 之景況後，記新營都城南勃台 (Nemptai)，實際乃指南京，但其名稱，非如裕爾所考，寫南京之音；殆如考狄所謂，乃福州港口閩江右岸之南臺，地與名之相違，亦其未至中國之一證也。其書十九世紀中葉，有馬札爾 (Richard Henry Major) 英譯附註，裕爾拔萃其中國關係之部分，收於《東域紀程錄叢》(*Cathay*)。

如上所述，東方知識，雖極貧弱，但必反映於此時代之地圖。康梯遊歷恒河及伊勒瓦第河 (Irawadi) 流域，頗為周詳，威尼斯人佛拉・毛羅 (Fra Mauro)，採用康梯之說，製世界圖，今仍存於該市大公爵宮內。再觀十五世紀時始出現之地球儀，地球儀為奉職於葡萄牙之德人馬丁貝海姆 (Martin Behaim) 所創，表面所繪，蓋綜合當時之地理知識，東方諸地，則事實想像相混，未為正確，可考見此時代知識之水準也。

以上略敘十四世紀中葉至十五世紀末歐人之東方知識，改章則敘東印度航路之發現與欧人東來之新時期。但於此章之末，略敘帖木兒嗣子派住中國朝廷使節之見聞記，世所謂沙哈魯 (Shah Rukh, 1377~1447) 使節記是也。帖木兒子沙哈魯王派使於明永樂帝時之記事也。成於一行中之畫家火者蓋野素丁 (Khwaia Ghaiassuddin) 之手，收於阿伯特・拉柴克 (Abdur Razzak) 之沙哈魯史中，傳於今世，法人郭德梅爾 (Qnatremère) 譯出發表，裕爾拔粹重譯之，北京見聞，頗多興趣也。

參考文獻

一、本章全體之參考書，仍推張，石田，Yule-Cordier, Bartol'd, Richthofen 等著及岩村忍，《支那のキリスト教に關する文献》,《蒙古史雜考》，昭和十八年二月，白林書房出版。

二、關於孟德・高維奴 (Moutc Corvino), Streit, Bibl. Mission., Ⅳ，SS. 39~40 舉有多數參考書，最便者，推 A.C. Moule, Documents releting to the Missions of the Minor Friars to China in the XIII. and XIV. Centuries (Journ. Roy. Asiat. Soc., 1914, pp. 546~551) 及該著者之 Christians in China before the Year 1550. London, 1930. Chap. Ⅶ：The Mission of the Franciscan Brothers (pp. 166 ff).

三、鄂多立克 (Odorico) 之傳記，以 A.C. Moule, A Life of Odoric of Prodonone (T'oung pao. Sér. Ⅱ. ⅩⅫ., 1921, pp. 225~290) 最佳。關於旅行記之諸版本，宜讀 Streit, Bibl. Mission., Ⅳ, S. 678, A. C Moule, A Small Contribution fo the Study of the Bibliography of Odoric (T'oung Pao Sér. Ⅱ, ⅩⅫ, 1921, pp. 301~322) 及該氏之 Bibliographical Notes on Odoric (T'oung Pao, Sér. Ⅱ, XXⅢ, 1922, pp. 387~393).

四、鄂多立克 (Odorico) 旅行記刊本中，以校刊精審譯筆正確鳴者，為本文中所述 Yule-Cordier Cathay and the Wny thither, 2nd. ed. Vol. Ⅱ所收本。法文譯文，則推本文所言及之 Cordier, Les Voyages en Asie au XIVe Siècle du B. Frère Odoric de Pordeone. Paris, 1891.

五、鄂多立克 (Odorico) 入西藏拉薩事之可疑，詳 B. Laufer, Was Odoric of Prodenone ever in Tibet? (T'oung Pao, Sér. Ⅱ, XIII, 1914,

405~418) 概要見 Yule-Cordier, Cathay, Ⅳ，268~269.

六、最易得之鄂多立克 (Odorico) 紀行，為 Komroff, ed., The Contem poraries of Marco Polo.

七、滿德威爾 (Mandeville) 之東方紀行刊本種類甚多，日本金子健二譯有《マンダヴヴイル東洋旅行行記》(1919).

八、關於馬黎諾里 (Marignolla), 見 Streit, Bibl. Miss., Ⅳ，80~81. Moule, Christians in China 252~264. 本文所記 G. Dobner 校刊本，見 Monumenta Historica Boemiae, Ⅱ，1768, 79~282. J.G. Meinert 之德譯，見 Abhandlungen d.K. Böhm Gesel.d. Wissenschaften, Ⅶ，Prag ,1820, 但僅關於東方之部分。Yule 之譯，收於 Yule-Cordier Cathay, Ⅲ，209~269, 關其東來見於元代中國文獻者，詳張星烺，《中國史上關於馬黎諾里 (Marignolli) 使節之記載》(《燕京學報》第三期)。

九、基於裴哥羅梯 (Pegolotti)《商業指南》，論當時東方貿易者，有 E. Fri edmann, Der mittelalterliche Welthandel von Florenz in Seiner geographischen Ausdehnung (nach der Pratica della Mercatura des Balducci Pegolotti) (Abhdlg.d.K. Geogr. Gesel. Wien. Ⅹ. 1912).

十、依賓・拔都他 (lbn Batūtah) 旅行記之 Defremery 及 Sanguinetti 共校共譯本，為 C. Defrémery et B.R. Sangunetti, Voyages d'lbn Batoutah, texte, arabe, accompagnéd'une traduction. Paris, 1853~1858, 4 vols.

十一、克拉維局 (Clavijo) 奉使记原文，最古刊本，為 Historia del Gran Tamorlan e ltinerario y Enarracion del viage, y relacion de la Emba xada que Ruy Gonçalez de Clavijo le hizo…Sevilla 1582, Gonçalo, Argate de Molina 所編者也。且有Ⅰ，Sreznevski 之俄譯(St. péterburg, 1881)，詳見 Cordier, Bibl. Sin^2., Ⅲ. 2047~2048. Markham 之英譯名 Narrative of the Embassy of Ruy Gonzalez de Clevijo to the Court of Timour, at Samarcand, A.D. 1403~1406, translated for the first Time by Clements R. Markham. London, 1859, Hakluyt Soc. publ., I: ⅩⅩⅥ.

十二、細爾脫白格 (Sildtberger) 之 Neumanu 本，名 Reisen des Johann Schiltberger in Europa, Asia und Afrika von 1394~1427, Zum ersten Male nach der gloichzeitigen Heidelberger Haudschrift herausgegeben und erlautert von Karl Fr. Neumann. München, 1859. 基於此本之英譯本，為 The Bondage and Travels of Jahann Schiltberger, a Native of Bavaria, in Europe, Asia, & Africa, Translated from Heidelberg MS., Edited in 1859 by Prof Karl Fr. Neumann, by Commander John Buchan Telfer, R.N.…Withnotes by Prof.P. Brunn,… London, 1878, Hakluyt Soc. Publ., Ⅰ：LⅧ.

十三、Neumann 出版前，亦有二三版本，其後，Bibliothek des Litterarischen Vereins. in Stuttgart 之第百七十二卷 Haus Schiltbergers Reisebuch nach der Nürnberger Handschrift, herausgeg vou Dr. Valentin Langmantel Tübingen, 1885 為最善本。

十四、關於巴巴羅 (Josafat Barbaro)、根他里 (Ambrosis Contarini)、尼哥羅康梯 (Nicolo Conti) 等人之旅行記，參照 Cordier, Bibl. Sin^2., Ⅲ，2051~2054.

十五、巴巴羅 (Barbaro) 之 Thomas 全譯本，為 Travels to Tana and Persia, by J. Barbaro and Ambrogio Contarini. Translated from Italian by Williams Thomas,…and by E. A, Roy…and Edited, with an Introducton by Lord Stanley of Alderley; A Narrative of Italian Travels in Persia, in the Fifteenth and Sixteenth Centuries. Translated and edited by Charles Grey. London, 1873. Hakluyt Soc. Publ, I: XLLX.

十六、尼哥・羅康梯 (Nicolo Conti) 之英譯本，收於 Richard Henry Major, India in the Fifteenth Century, Being a Collection of Narrative of Voyages to India in the Century preceding the Portuguese discovery of the Cape of Cood Hope; from Latin, Persian, Russian & Italian Sources. Now first translated into English. London, 1858(Hakluyt Soc. Publ. Ⅰ：ⅩⅩⅡ). Yule 拔粹，見 Yule-Cordier, Cathay. 1, Note ⅩⅣquater; Travel of Nicolo Conti in the East, in the Early Part of the Fifteenth Century, as related by Poggio Bracciolini, in his work entitled “Historia de Varietate Fortunae”，Lib. Ⅳ.

十七、關於沙哈・魯 (Shah Rukh) 使節見聞記，見 Cordier, Bib, Sin^{2}., Ⅲ，2050~2051.

第五章
第十六七世紀（明至清初）
歐西之東方研究

東印度航路之發見，遠因於指南針之發明普及與航海王東方航路發見之獎勵；近促之者，為鄂托曼士耳其之西亞東歐占據。先是歐洲中古時代，威尼斯 (Venice)、基奴亞 (Genoa) 商人之往來印度者，其航行之路有三：一，由地中海東岸，溯阿蘭 (Orantes) 河，至安谷城 (Antiochia 在亞美尼亞南，西臨地中海)，陸路經幼發拉底斯 (Euphrates)、底格里斯 (Tigris) 兩河間之谷地，至報達 (Bagdad); 沿底格里士河，順流出波斯灣；海路赴印度。二，由黑海東南岸之脫萊必德 (Trebizond) 港登岸，經過小亞細亞、亞美尼亞、美索不達迷亞，沿底格里士河，順流出波斯灣，海路赴印度。三，由埃及之亞力山大港，通過運河二百海里至開義羅 (Kairo), 溯尼羅河 (Nile R.) 上流，過沙漠，至紅海之亞丁 (Aden), 海路赴印度。東羅馬亡後，地中海、黑海、紅海之通路為土耳其人所扼。歐人之經營東方商業者，不得不更覓他途。是時航海之術日精，歐洲各國政府亦多以獎勵航海為事。此際擁有地利早收成果者為葡萄牙，繼之者為西班牙。從來以地中海為中心之歐洲歷史，於茲一轉，威尼斯、基奴亞之霸權衰，海上雄飛之新王國興於伊伯利安半島 (Iberian Pen). 因北美大陸之發現；南美新地之征服，現出大西洋時代；同時因東印度航路之新發現，現出印度洋乃至太平洋時代，古來兩兩相對發展之東西兩洋勢力文物，合而為一，眞正之世界史，於焉開幕。

葡萄牙航海業者沿阿非利加南下，探索東方道路，一四八六年（明憲宗成化二十二年）地亞士 (Bartholomew Diaz) 始達阿非利加南端，越大浪山 (Cabo Tormentos)，更名為好望角 (Cape of Good Hope)，葡王約翰 (John) 二世之世也。一四九七年（憲宗弘治十年），約翰二世殂，子以馬弩利 (Emmanual) 二世嗣立，次年，其臣達伽瑪 (Vasco da Gama) 遂繞好望角，踰印度洋，抵南印度之馬拉巴爾 (Malabar)，達伽瑪歸報。一五〇〇年（弘治十三年），復遣伽布拉耳 (Gabral) 等繼往，始闢殖民地於印度之塏利古特 (Kalicut) 與哥丁 (Cothin)，一五一〇年（武宗正德五年），遂取印度西海岸之臥亞 (Goa) 為根據地，進略東岸及錫蘭島，更擬阻回教諸國商船之波斯灣以東海上航行，一五一五年（正德十年）奪和爾木斯 (Ormuz)，築城塞，以此諸地為根據，更向東方伸張勢力。一五一一年（正德六年）略滿剌加 (Malacca)，置印度總督以掌貿易拓殖之務，置總教以綜理東方布教之事，勢力及於蘇門答臘、爪哇諸島，一五一四年（正德九年）其商船之影，現於華南海岸，一五一六年（正德十一年），裴來斯特羅 (Rafael Perestrello) 至澳門外上川島，是為歐洲船舶內渡之始，蓋奉滿剌加總督佐治 (Jorged'Albaquerque) 之命，自滿剌加乘馬來海船，為探索事情而來者也。翌年，一五一七年（正德十二年），安德拉德 (Fernao Peres d'Andrade)、皮萊資 (Thomas Pirez) 率葡船、馬來船各四隻至廣東，國使皮萊資與隨員登陸，中國人接待頗優，擇安寓以舍之，葡人所載貨物，皆轉運上陸，妥為貯藏，對華貿易，頗多希望。明年，其弟西眇 (Simao d'Andrade) 至大門島 (Tamu)，有暴行，大為吏民所惡，武宗怒，下皮萊資於獄，坐以間諜。一五二一年（正德十六年）下令放逐葡人於境外。未幾，令弛。葡人來者益多。嘉靖中，廣東附近有葡人居留地三：一，上川島（在台山縣南大海中）；二，電白 (Lambacao, 在電白縣南海邊) ；三，澳門（在香山縣南境）。最初十餘年間，電白貿易為諸港之冠。葡商寄居者，常達五六百人，及澳門興盛，遂駕電白而上之。福建之泉州，浙江之寧波，亦多葡商出入，旋為吏民所逐，於是澳門遂為葡人極東經商之要港。一五八〇年（明神宗萬曆八年）為僧正留錫地，實葡人對華事業之根據地也。葡人至上川島後，一五四二年（嘉靖二十一年），喜利志多佗孟太 (Antonio de Mota) 等三人潛逃，遇暴風雨偶然發現日本焉。當葡人開闢印度航路，壟斷東方貿易權時，西班牙政府亦發見美洲，取墨西哥為植民地，一五一九年（正德十四年）其臣麥折倫 (Magellan) 始率艦隊航大西洋，通過南美洲南端之麥折倫海峽，進達太平洋，凡航行三十三個月，至馬來羣島之息布 (Cepu), 是為大西洋、太平洋間航路開通之始。麥折倫為土人所殺，部將亦多遇害，僅餘殘卒十八人，以一五二二年（明世宗嘉靖元年），越印度洋好望角歸國，是為環游世界之始。西王查理一世 (Charles I) 以太子非利布 (Philip) 之名，名麥折倫所至羣島為斐律賓。终查理之世，西班牙艦隊凡至斐律賓者三，一五五六（嘉靖三十五年）非利布 (Philip) 卽位，一五六五年（嘉靖四十四年）使其將雷加斯皮 (Legaspi) 占領斐律賓羣島，以馬尼剌為首府焉。一五七五年（萬歷四年）[1]西人之至廣東也，為其赴華之始，占馬尼拉後十四年至日本，蓋自馬尼拉赴澳門途中，誤其方向而至者也。

葡人至澳門前，已知中國外之極東民族，有名鈎雷斯 (Gores) 者，見於一五五七年（嘉靖三十六年）出版之《達爾伯克喀傳記》(*Commentarios do Grande Alfonso d'Albuquerque*. Lisbon, 1557). 氏

❶ 萬歷四年爲公元1576年。——編者註

(1453~1515) 為葡萄牙水師提督，一五一一年（明武宗正德六年）攻略滿刺加之大將，此傳其子上梓者也。謂鈎雷斯 (Gores) 民族，本國為一大島，本國名雷克亞 (Lequea), 男子容貌端麗，佩長刀及短劍，勇敢誠實，關此鈎雷斯 (Gores) 有日本人、高麗人、琉球人三說，尚無確論。

隨葡國商船隊至中國者，為耶穌會及其他基督教各派之傳教士。夫西教之入中國也久矣，在唐為景教，在宋為一賜樂業教，在元為也里可温教，是皆在中國書籍碑版，信而可徵者，外史載元代耶教人入中國者尤多。然其教在中國無大關繫，僅如摩尼、祆教等，得一部分之信從耳。景教經文傳入中國，雖有譯本，亦未傳播。一賜教經，僅藏於寺，其數更不逮景教之多，教外之人，初不受其影響。其存者，惟可供考古者之研索耳。中國耶教之盛，實由於歐洲之改革宗教。

歐洲對宗教改革而起之舊教方面之反對，產生耶穌會 (Societas Jesus) 之組織。會祖羅耀拉 (Ignacio Loyola) 摯友方濟各沙勿略 (Francisco Xavier) 志於東方布教。沙勿略 (Xavier, 1506~1525) 西班牙人，一五四〇年（嘉靖十九年）三月自羅馬赴里斯本，翌年四月發里斯本，一五四二年（嘉靖二十一年）五月，至臥亞從事布教，一五四五年（嘉靖二十四年）九月渡澳門，更至摩鹿羣島 (Molokai Is). 歸澳門途中，遇來訪之日人安次郎 (Angero, Angiro), 二人先後返臥亞，安次郎學葡萄牙語及基督教教義，旋領洗，沙勿略 (Xavier) 得佈教日本之許可後，一五四九年（嘉靖二十八年）四月發哥丁 (Cochin), 八月抵鹿兒島，翌年至平戶山口，更向京都，自堺歸平戶，再向山口，一五五一年（嘉靖三十年）有葡船至日出，遂前往乘船返哥丁 (Cochin), 居日本僅二年二月，得信徒甚多，建日本西教弘佈之基。更欲佈教中華，一五五二年（嘉靖三十一年）二月赴澳門，七月出發，八月至上川，死於熱病。

山口市金古曾町有沙勿略紀念碑，相傳為大道寺址，未必確。大道寺建立許可書記為天文二十一年八月二十一日，載於一五七〇年（明穆宗隆慶四年）出版於葡萄牙古音巴拉 (Coimbra) 之《日本通信集》(*Cartas de Japao*), 日本文書載諸西洋書籍之最初者也。

葡萄牙人教士之活躍於日本也，最初毫無障碍，基督教佈教，非常成功，十六世紀日本嘗派基督教徒使節團赴歐洲焉。及九州豐後藩主轉宗於基督教，令破壞日本古來之社寺，一五八九年（萬曆十七年）始有教堂破壞令之發布，傳道師遂自日本入朝鮮，是為歐人通朝鮮之始，有明中葉朝鮮之役(1592～1596), 傳道師徹斯培底斯 (Céspedes) 嘗隨日兵至朝鮮，初期傳教師稱朝鮮以舊名，曰高麗 (Coria)。

沙勿略後任之范禮安 (Alessandro Valignani, 1538~1606) 派羅明堅 (Michele Ruggieri)、利馬竇 (Matteo Ricci) 二人自印度赴中國，以繼沙勿略遺志。羅明堅於一五八〇年（萬曆八年），利馬竇於一五八三年（萬曆十一年），先後抵澳門，履中國境焉。

西人之中國研究，自此始。從來歐人關於中國之所記，非旅行之見聞，即事業之報告，距研究之域尚遠。稍具研究之體者，始於此時；且依新來之傳教師開其端。故耶穌會士之東渡，於中國宗教史、學藝史上，有極大意義；而論至歐西東方知識之發展，更屬劃期之事件。

羅明堅 (Michele Ruggieri, 1543～1607), 那坡利 (Naples) 王國人，一五七二年（明穆宗隆慶六年）入耶穌會，一五五七年（嘉靖三十三年）[1]赴印度，更向中國布教，初居澳門，修中國語，後住廣東省肇慶府，為入華最初之耶穌會士，開始布教此地，所著《天主聖教實錄》（一五八四年，萬曆十二年）為近代基督教義最初之漢文著作。一

[1] 1557年爲嘉靖三十六年，羅氏1572年入會，當在此後赴印度布教，故此處有誤。——編者註

五八八年（萬曆十六年）歸羅馬報告，未得再歸，一六〇七年（萬曆三十五年）五月十一日故。中國布教事業，乃專歸利馬竇之手。

利馬竇 (Matteo Ricci, 1552~1610), 亦那坡利人，十九歲時（一五七一年，隆慶五年）於羅馬入耶穌會，修業將半，往印度，一五七八年（萬曆六年）抵臥亞 (Goa), 四年後，被派往中國，先至澳門，然後自廣東，移肇慶府，著佛僧之衣，習華語，盡力於市民之教化。後脫僧衣，衣儒服，經廣東、南昌，至南京，自布教政策上，先訂交於當地顯官。一五九九年（萬曆二十七年），同瑞士耶穌會士郭居靜 (Lazare Cattaneo, 1560~1640) 發南京，北上擬謁萬曆帝，未果，翌年，返南京，然利馬竇不為之挫，遣郭居靜赴澳門、整方物，一六〇〇年（萬曆二十八年）五月六日，同西班牙耶穌會士龐迪我 (Diego de Pentoja, 1571 ~ 1618) 及會友黃明沙 (François Martines, 1573 ~ 1606) 發南京，航運河，向京師，途中於臨清州稅關，受督稅官馬堂之誤解，以圖謀不軌之嫌疑，一時下天津獄，六閱月，勅命釋放，一六〇一年一月四日（萬曆二十八年末）入北京，謁皇帝，帝喜其方物自鳴鐘之機巧，更欲賜見其他傳教師，禮部阻之，未果。然帝從利氏請，賜一小屋於京城宣武門內，並賜以內帑，翌年，許其建設教堂，彼等以此為根據地，弘布教旨，四年得信徒約二百人。要路大官、當世名儒與利氏通好者甚多，朝官徐光啟（上海徐家匯人）、李之藻（杭州人）、楊廷筠諸學者之歸依改宗，彼等之一大成功也，大有助於其事業之進步擴充焉。利氏更加努力，著《交友論》《天主實義》等書，使華人知其教法，信者之數漸增。且以其精通天文曆算，更受中華人士之尊崇敬重，利氏與徐、李二氏共著譯《乾坤體義》《幾何原本》《測量法義》等有用之科學書，介紹泰西學術，為西學東漸史上劃一紀元。利氏一六一〇年（萬曆三十八年）五月十一日，客死北京，享年五十八歲，葬於平則門（阜成門）外，宦官滕氏宅址，通稱柵欄兒之地。利氏之布教方法，斟酌中國從來之思想習慣，與基督教教義調合之，故成績大舉，深培法門之根蒂焉。

始至中國，從事布教之西人，為耶穌會士羅明堅、利馬竇之徒。然先此雖未布教，而親至中華，觀其風俗習慣傳開其歷史沿革者，有數人焉。其著者，為自新西班牙（墨西哥），隨伴經略菲律賓羣島軍旅之拉達 (Martin de Rada[Herraada]) 。一五六五年（嘉靖四十四年），隨遠征軍，至菲律賓，旋奉派至福建，與同僚馬林 (Geronimo Marin) 於一五七五年（萬曆三年）七月上陸，經漳州，達福州，九月去而返菲律賓，居中國不足二月半，且未及布教，但成績頗有可觀，馬林齎歸故國，入國王非利布二世 (Philip II) 之叡聞，其報告實門多薩 (Juan Gonzales de Medoza) 《中華大帝國史》之基礎也。

門多薩 (Juan Gonzales de Mendoza[1]，1540~1620)，西班牙人，奉命東來，一五八一年（萬曆九年），携非利布三世與中國皇帝親翰，先赴墨西哥，傳聞中國事情，悟當時入國之困難，遂不渡華，空返故國（一五八二年，萬曆十年）。但以拉達 (de Rada) 之報告及於墨西哥所蒐集其他二三見聞為基礎，自著一書，名《中華大帝國史》(*Historia del Gran Regno de China*, 略稱) ，一五八三年（萬曆十一年），初公刊於羅馬。此書為歐西東方學史上重要文籍之一，實西洋關於中國專籍之嚆矢，包括詳述中國禮俗之西書也。當時甚受歡迎，原文（西班牙語）驟見數種異版之刋行，每版更再版、三版以至十數版；英、德、法、意之譯本，亦接踵續出，加以近年刋行，凡三十八種，足見其盛行景況。其第十三章漢字之條，有意表天、皇帝、都府之漢字三，世人以此為西洋印刷介紹漢字最初之書。除解作都府之字形，類似城字外，形態發音皆不似漢字，頗難索解。但字形雖不正確，其彷彿漢字之企圖，甚

[1] “Mendoza”即上文“Medoza”。——編者註

易了解，未可視為全然之誤謬誤想也。

賴麥錫 (Ramusio) 者，明世宗時，馬可波羅同里威尼斯市之地理學家也。纂有《遊記叢書》(*Navigationi et Viagi*), 《馬可波羅遊記》在第二本內。其序言列波斯商人哈智摩哈美德 (Hajji Mahomed, 意大利文為 Chaggi Memet) 談話記，吾人讀之，可以知悉當時中國與西方陸道交通之情況也。哈智摩哈美德 (Hajji Mahomed) 波斯裏海濱歧蘭省 (Chilan) 陀拔思城 (Tabas) 人也。其人嘗親至肅州，談肅州居民之衆，寺院之多，房屋之用磚，物產多大黃，談甘州房屋之構造，漆工之衆多，國王之尊榮，寺院宏大，以及印刷術、魔術、喪服之制。

荷蘭人白斯拜克 (Auger Gislen De Busbeck) 於一五六〇年頃（明世宗嘉靖四十年左右）奉日耳曼皇帝查理第五 (CHaries V) 之命，出使土耳其國，駐於君士旦丁堡多時。嘗自土耳其某遊客得聞中國之事一節。後歸國，一五六二年（嘉靖四十一年）十二月十六日，在德國富蘭克福特城 (Frankfort) 嘗致書於友人，記其事，土國遊客言契丹人精於各種技藝，開化文明，深知禮讓，自有宗教，有印書術已數百年，印書之紙皆極薄，為蠶絲所製成，僅能一面印字，他面則留空白；城內旅舘甚多（城名闕），產麝香，其國不產獅。

當時葡萄牙人握印度之制海權，雖莫臥兒帝國之人民，無葡人之同意，亦不克海路巡禮麥加，莫臥兒帝國內回教以外之宗教，亦享受同等權利，基督教宣教師之佈教印度者甚多，其中之鄂本篤 (Benedict Goës) 活動於印度數年後，受命赴契丹 (Cathay) 之國，中國方面雖有西洋商人、宣教師之活躍，但當時歐人未嘗注意於自已再發現東達契丹之道也。當時歐人於印度聞支那 (China) 之稱號，知其同於拖富美 (Ptolemaios) 所謂之秦 (Sin), 而未嘗注意於支那之同於馬可波羅 (Marco Polo) 所記之契丹 (Cathay) 也；以為以汗八里為首府之大汗之國契丹，位於彼等發見之支那之西北某地焉。

鄂本篤 (Benediet Goës, 1561～1605)，葡萄牙國人。一五六一年（明世宗嘉靖四十年）生於大西洋亞索烈羣島 (Azozes) 中，聖米圭爾島 (St. Michael) 之法蘭克多康姆波城 (Villa Franca do Campo)。一六〇三年（萬曆三十一年）春，自臘和兒 (Lahore) 起程，途中常受掠奪者之襲擊，至可不里城 (Cabul)。經塞兒帕尼兒 (Serpanil)，至鴉兒看 (Yarkand)，居年餘，一六〇四年（萬曆三十二年）十一月出發，經喀什噶爾 (Kashgar)、阿克蘇 (Acsu)、庫車 (Cucia)、察理斯 (Cialis)、吐魯蕃 (Turphan)、哈密 (Camui)，一六〇五年（萬曆三十三年）末至肅州，居察理斯者，約三月。遇歸自汗八里之隊商，知利馬竇居北京，且因此邂逅，知汗八里卽北京，目的地之契丹卽秦亦卽支那。換言之，至此時，始發現契丹之為支那也。此鄂本篤之旅行，為自當時至十九世紀利用赴華陸路惟一之例，因其中間地帶，屬於回教國，傳道事業既無希望，至於商人，則中央亞細亞之遊牧民，亦非良顧主也。

一六一六年（萬曆四十四年），萬曆帝從南京禮部侍郎沈㴶奏言，禁基督教，命布教師退出中國，幽之澳門，徐光啟上書，帝意稍緩，一六二三年（天啟二年）[1]撤回禁令，西教恢復舊勢。時東北邊警頻傳，烽火連天，天啟帝痛感武器改善之必要，解除禁令之年，遣使澳門，召還嚮所追放之龍華民 (Nicolao Longobardi, 1559～1654) 等，新召西班牙人陽瑪諾 (Emmanuel Diaz Jr., 1574~1659)，葡萄牙人羅如望 (Joao da Rocha, 1566~1623) 諸人，命鑄造小銃火炮；翌年，更迎意大利人艾儒略 (Giulio Aleni, 1582～1649)、畢方濟 (Erancesco Sambiaso, 1582~1647) 等，使從其業，同時於基督教勢力挽回，與有力焉。

門多薩之次，著類似之書，屢為並稱者，為葡萄牙耶穌會士魯德

[1] 公元1623年爲天啟三年，據《明史》記載，徐光啟於天启初年“移疾歸”，“三年起故官”。——編者註

照 (Alvarez de Semedo, 1585~1658), 魯德照一五八五年（萬曆十三年）生，正門多薩書初刊之歲也。經臥亞，一六一三年（萬曆四十一年）至南京，先稱謝務祿，明末迫害西教徒之際，幽於澳門，及被釋放，乃改名魯德照，住杭州、上海等地，從事布教。一六二八年（崇禎元年）派至西安，實見大秦景教流行中國碑，是碑先此三年或謂五年（明天啟五年或三年）偶然發現於西安郊外者也。留二載，歸江蘇，六年後歸羅馬，覓欲布教中國之教士，一六四四年（清世祖順治元年）為中國布教區副監，再至中土。晚年於廣東司教務，一六五八年（順治十五年）逝於該地。魯師有多數著作，最著名者為葡文《中華帝國志》(*Imperio de la China*), 是書於一六四二年（崇禎十五年）始出版於西班牙京城馬德里，為世歡迎，亦如門多薩《中華大帝國史》。出現英法意各種譯本，其中意譯，最值注意，介紹中國語言文字之章，揭出土、王、玉等漢字原形，附記正確意義，是為西籍正確印刷漢字之嚆矢，甚引起學者之興味。

先於魯德照，目睹景教碑之耶穌會士為金尼閣 (Nicolas Trigault, 1577~1628), 志於中華布教，一六一一年（萬曆三十九年）初至南京，次赴杭州、北京等地，更為徵募傳教師，一旦西歸羅馬，歷謁各國君主，同優秀教士三十二人，一六一八年（萬曆四十六年）再還中土。羅雅各、湯若望等人，卽在此一行中，其後往來南昌、杭州，一六二三年（天啟三年）至開封，入西安，居至一六二七年（天啟七年），親睹當時偶然發現之景教碑，歐人最初之目繫者也。一六二五年（明天啟五年）之碑文拉丁譯，殆出其手，實為此碑銘譯文之權輿。後世學者論景教碑者，皆據魯德照之記事及其譯文，但金尼閣功績，不可泯也。彼更記述當時基督教中國傳教史，名《耶穌教徒中國遠征記》(*De Christiana Expeditione apud Sinas*), 主要基於利馬竇自記之回想記，述明末基督教之中國開教史，原文為拉丁語，羅馬一六一五年（萬曆四十三年）刊為初版，有英法各國譯本。又有西儒耳目資之漢文著述，用羅馬字，將漢字音韻表記分類排列，為漢字音研究史上劃一新紀元。

葡西之東來也，為西力東漸之第一期。繼之者，為後此者百餘年之荷及英法，乃西力東漸之第二期。荷蘭人華恩食斯考敦 (Jan Huigen Van Liosikoten) 嘗為臥亞大僧正，久居印度。歸國後公其記錄於世，俾國人周知東方諸國之情事，又有考納遼斯霍脫曼 (Cornelius Houtman) 者，結船隊，從事遠征，力抗葡人於海上，視察蘇門答臘、爪哇諸島而歸，於是荷人競派遠征隊至東方，從事探險，一五八三年（萬曆十一年）始至日本，一六〇二年（萬曆三十年）二月二十日設立荷蘭東印度公司，握好望角與麥折倫海峽間之貿易權。一六〇四年（萬曆三十二年）始至廣東，一六一九年（萬曆四十七年）建巴達維亞 (Batavia) 市於爪哇，以此為根據地，一六二四年（天啟四年）占領台灣。英國則一五九九年（萬曆二十七年）倫敦商人會議，組織公司，與印度貿易，女王伊利沙白 (Elizabeth) 亦遣使至莫臥兒帝之朝，求許特權於英國公司，一六〇〇年（萬曆二十八年）十二月三十一日，英國東印度公司遂得王室之准憑，組織公司，通商印度，一六一四年（萬曆四十二年）設居留地於蘇拉特 (Surat)。法國則一六〇四年（萬曆三十二年）亨利四世 (HenryⅣ) 即位，始下許可設立東印度公司之議，其中屢經停辦。一六四二年（毅宗[1]崇禎十五年）第四次設立東印度公司，翌年遂設居留地於麻打拉薩 (Madras)。

荷蘭人於一五八三年（萬曆十一年）始至日本，荷蘭商船之初至日本，則在一六〇〇年（萬曆二十八年），船長為英人三浦安針 (William Adams)，因葡人嗾使，被疑為海賊，投獄，未久釋放，獲重要地位，授日本人以造船術，荷英勢力隨之而漲。英船之初至日本，在

[1] 崇禎帝廟號有明思宗、明毅宗、明懷宗三種說法。——編者註

一六一三年（萬曆四十一年），船長為沙里斯 (John Saris), 乃於平戶開商館，通商焉。

沙里斯 (John Saris) 於一六一一年（萬曆三十九年）起程，一六一四年（萬曆四十二年）返國，中經紅海、爪哇各地，以達日本，歸途則沿中國海岸航行，翌年沙氏因故脫離東印度公司，遂依該次航海日程而作遊歷日本記。其後印行問世者，有沙託本，書名《沙里斯氏遊日記》(*The Voyage of Captain John Saris to Japan 1613 deited by Sir Earnest M. Satow.* London, 1900) 及蒲察斯本兩種，蒲本於一六二五年（天啟五年）印行，簡名《蒲察斯遊歷記》(*Purcha His Pilgrimes Conainting a History of the world in Sea Voyages and Land Travells by English men and others*. Glasgow, 1905 重印本) 。最近日本東洋文庫又印行大塚高信校印本(1941), 書名《英人首遊日本記》(*The First Vayage of the English To Japan*)。該遊記為研究國際關係通商問題，所不可缺之交通史，探討英日關係者，尤不可不讀。遊記內，記載海洋狀況，例如風浪平險，暗洲淺礁，島嶽之地位，無一不詳為記錄，對於航海之貢献、實非淺鮮。除記載日本部分外，尚載有紅海、南洋各處之情形，除詳述通商情形，貨物價格諸節外，對於當地之出產、風俗人情、制度等，無不備載。

但此政治上同盟之荷英二國間，旋起貿易上之對立抗爭，英人於一六二三年（天啟三年）被逐，一六二〇年（明光宗泰昌元年），三浦安針死後，日蘭關係依然繼續。一六一一年（萬曆三十九年）建商館於平戶島，為貿易之中心地。日本政府對基督教之態度與欲獨占對日貿易之荷蘭人利益，完全一致。荷人於一六三五年（崇禎八年）驅逐葡人，一六三六年（崇禎九年）日本政府僅許葡人於出島交易，出島者，日本於長崎港口為葡人所築扇形之人工島也。一六三八年（崇禎十一年），日本島原天草基督教徒之武裝叛亂勃發，荷人乘機譖葡人為叛亂之張本人，一六三九年（崇禎十二年）發布完全驅逐葡人之命令焉，是為日本之鎖國。日本禁止耶穌會士之活動，先於中國，故其學術上之成果，相去甚遠，對於日本列島數目及其地理之位置，尚不明瞭。一六一三年（萬曆四十一年）宣教師入蝦夷，以為自東徂西，有五閱月行程之距離，更不知蝦夷與日本之間，有無陸上交通，僅知此地多山，以為海上交通便於陸上而已。

然宣教師關於日本及日本歷史，有若干貴重著書，貢獻於學術，一六〇四年（萬曆三十二年）神甫陸德利個斯 (Rodrigues) 出版《日本語文法》(*Arte da lingoa de Japam*) 於長崎，一六一五年（萬曆四十三年）神甫阿瑪廷 (Amati) 上梓《日本歷史》(*Historia del Regnodi Voxu del Giapone*) 於羅馬焉。

湯若望 (Johann Adam Schall von Bell, 1591~1666) 者，德意志人，其天文、數學、機械學、砲數之卓越知識，使中華上流有識之士，認知西學之眞價，更提高傳教師之地位焉。氏一五九二年（萬曆二十年，或謂一五九一年，萬曆十九年）生，一六一一年（萬曆三十九年）入耶穌會，一二年（萬曆四十年）至中國，天啟末年入北京，援助瑞士耶穌會士鄧玉函 (Jean Terenz[Schreck])，與意大利出身會士羅雅各 (Giacomo Rho) 共製象限儀、紀限儀、地球儀、平面日晷、望遠鏡等，並著譯進呈西洋側日曆、古今交日考、交食曆指、交食表、新曆曉或、新法曆引，崇禎曆書等。傾其蘊蓄，貢獻於天文曆算，正從來漢人欽天監之誤，所推密合天行，博上下之尊信，一六四三年（崇禎十六年）遂以勅令，廢洪武以來之大繞曆，爾後，代以西法云。然當明社頻屋之際，以皇帝之權威，無制臺官之力，終未見施行也。明末信奉西教者數千人，其中，宗室百十四人，內官四十人，顯官十四人，足見其勢力之一斑。當北京陷落，宗族遺臣保餘命於僻陬之際，永明王母王太后（聖名 Helena）及內官龐天壽（聖名 Achileus）致書羅馬教皇英諾

森德第十世 (Innocenzo X), 求其援助，亦足徵此間消息。一六四四年（崇禎十七年，順治元年），明亡於李闖之手，滿族入主中原，英明之攝政王多爾袞，知西教教士之眞價，廢舊曆頒行西法曆書，湯氏又重用於新朝，受世祖殊遇，管欽天監印信，賜聖堂邸宅之地，加太常少卿銜，叙通議大夫，旋拜光祿大夫，贈通玄教師之號，眷寵無不至。然其晚節，康熙初年，新帝幼沖、守舊派領袖欽天監楊光先率一黨，起西教西學之排斥運動。自作闢邪論欲陷湯氏，策動奏功，一六六五年（康熙四年）西教士等一併拘禁，湯氏與當時在北京之比利時耶穌會士達於天文曆算之南懷仁 (Ferdinand Verbiest) 等皆下獄，聖堂毀，西書火，中央地方官吏之歸依西教者皆革職罷免。耶穌教及其教徒，於茲蒙一大難。傳教士因突發之地震，一時釋放，罪案依然。湯氏於幽憤中，以七十五歲之高齡，事件發生之翌年（一六六六年，清聖祖康熙五年）八月十五日，客死北京。然以舊曆法常誤日蝕等之推步，正當誅權臣鰲拜，入親政期之康熙帝，乃舉南懷仁管欽天監，又命司火砲之鑄造，延其他傳教師於內廷，講泰西學術。帝熱心學習，尊重耶穌教徒，但所重乃其齎來之西洋科學，非耶穌教本身。故雖於法律範圍內，未嘗抑壓耶穌教之國內傳道，但亦未嘗信奉之也。

十七世紀初，荷蘭宣教師休爾紐斯 (Justus Heurnius) 於爪哇得華人之助，著華蘭拉丁語彙，為蘭人漢學之祖師。

明亡清興之際也，明之宗室，據華南各地，欲挽狂瀾於既倒者，不止一二，就中永明王（永曆帝）期間最長，自其皇太后及內官龍天壽，致書羅馬教皇英諾森德第十世，請求援助，已如前述。齎此王太后及龐天壽書，遠渡歐洲者，為耶穌會傳教師波蘭人卜彌格 (Michele Boym, 1612~1659), 卜彌格於此機會傳中國事情於西方。氏與施洗於王太后之奧人耶穌會士瞿沙微 (Andreas Xavier[Urgang]Koffler, 1613~1651) 皆深受永明王一族之信任者也。一六五〇年（永曆四年，順治七年）一月，攜親書，發廣東，自臥亞，陸路經波斯，一六五二年（永明王六年，順治九年）九月至小亞細亞之士麥拿 (Smyrma)，該月二十九日，於此地教會，作中國事情講演，該講演一六五四年（永明王八年，順治十一年）於巴黎出版，題《中國宗室之改宗及中國基督教現狀略說》(*Relation Briefe de la notable conuersion des porsonnes royales et de l'estat de la Religion chrestienne en la Chine*)，卜彌格自此由海路向威尼斯，一六五三年（永明王七年，順治十年）一月至羅馬，呈王太后等函於教皇，教皇廳至一六五五年（永明王九年，順治十二年）十二月十八日，始與答書，翌年卜彌格於維也納印行《中國植物誌》(*Flora Sinensis*) 小冊，介紹中國珍奇植物，兼及動物，歐洲學者，為之一驚，尤關心於附載之關於發現大秦景教流行中國碑之記事，揭於維也納刊原本此碑之篆額，更引諸家注意，德國祈爾歇 (Athanasius Kircher) 其第一人也。以既有材料為基，加以研究，揷於所作書中以來，此碑更著。

祈爾歇 (Athanasius Kircher, 1601~1686) 為考古學者，嘗詳考景教碑，收入《中國圖說》中，以銅版揭出碑銘全文，併錄卜彌格譯文，此碑文魯德照始介紹之，因卜彌格而著稱，至祈爾歇乃於基督教徒之歐西學者間，博絕大聞譽。此《中國圖說》(*China Illustrata*, 全稱 *China Monumentis qua Sacra qua Profanis, Nec non Variis Naturae & Artis Spectaculis, Aliorumque rerum memorabilium Argumentis illustrata,... Amstelodami[Amsterdam]1667*) 中，於景教碑記事外，收至中國之種種道程、中國宗教、中國自然界及人文上值驚異之事物，中國建築、中國古文字以及金尼閣到華當時事情，頗多有趣記載，讀者甚衆，有法、荷等譯本。

卜彌格西歸，於學界引起上述波紋，一六五五年（永明王九年，順治十二年）得教皇答書後，再上東渡之途。一六五八年（永明王十二年，順治十五年）至華，是時廣東、廣西亦皆入清軍手中，永明王播遷雲南徼外，王太后殂落，龐天壽亦故，教皇答書，無由轉呈，遂流離安南境上，旅中罹大患以故。然當時還歐有貢獻於東方研究者，非只卜彌格一人。類似者有衛匡國 (Martin Martini, 1614~1661), 一六四三年（崇禎十六年）至中國，於明清鼎革之擾亂中，旅行各地，爾後長住杭州，從事布教，此時典禮問題發端，為辯護耶穌會方面之態度，一次被派返歐，途中遇暴風，海上漂蕩，經愛爾蘭西方，流至那威方面，經荷蘭、德意志，始達羅馬，使命完成後，率青年傳教師十七人，自葡萄牙乘船，二年始入澳門港，此間於海上再遇暴風，又為海賊所捕，備嚐苦難，歸杭州後不久，寢疾易簀。衛匡國之西歸，對當時之東方學上，齎二大重要結果，一為居荷蘭時，出版《中國新圖》(*Novus Atlas Sinensis*, 一六五五年，順治十二年)，為著名地圖學家江蒲（拉，Jan Blaeu）《新地圖》(*Novus Atlas*) 之一部。其二為與當世碩學顧理斯 (Jacqaes Golius) 相知，教以中國語，衛氏中國新圖為歐洲中國地圖有專著之始，附記中國輿地一般之解說，是亦為歐洲中國地誌之權輿。圖幅說明皆以明陸應陽廣輿記為底本，但直至後述杜赫德 (du Halde) 書問世，為最可信之中國地理書，久維持其聲價。

衛匡國此外尚有重要著述，一六五八年（順治十五年）刊於德國門興 (München) 之《中國史初編》十卷 (*Sinicae Historicae decas prima*), 其一也。此書記明之滅亡清之入關及繼此諸種歷史事變見聞原形，雖未必盡屬可信，多補中國史料之闕。大博喝采，屢次重版，有意、德、荷、法、英各譯本，傳中國當時實狀於歐人之間。此外，衛氏著有《中國耶穌教士紀略》(*Brevis Relatio de numero & quaritate Christianorum apud Sinas*), 一六五四年（順治十一年）刊於羅馬，與前記金尼閣布教史卜彌格現狀記，皆稽考當時西教史之好資料也。

貝爾尼耶 (François Bernier), 法蘭西人，為植物學者及醫師，欲觀光己所未知之國，開始旅行，充印度莫臥兒帝室侍醫，赴印途中，訪叙利亞、埃及，居開義羅者甚久，研究阿拉伯語，留印度十二載，歷訪各地，其旅行記分為數部，一部為一六五五年（清世祖順治九年）[1]至一六六〇年（順治十七年）之內亂史，題《大莫臥兒帝國最近之革命史》(*Histeire de la dernièr révolution de l'empire du Grand Mongol*)。其後五年間之歷史，題《特別之諸事件》(*Even èments Particuliers*)。更續有書簡形式者，其中有關於印度之國情、國之收入、帝之人物之致法國宰相特別報告書。

衛匡國自歐歸華之際，新來同伴傳教師中，有南懷仁 (Ferdinand Verbiest, 1623～1688, 比利時人) 、柏應理 (Philippe Couplet, 1622～1693, 比利時人) 、魯日滿 (Franeois de Rougemont, 1622~1693, 比利時人) 、殷鐸澤 (Prospero Intorcetta, 1628~1696, 意大利人) 等清初西學史上著名人物，皆以漢文為泰西學術宗教之著述，努力於華人之啟蒙。其中柏應理為中國文物之研究家介紹者，著稱於歐西東方學史上，柏氏一六五九年（順治十六年）至中土，先赴任江西建昌，三年間得信徒二千人，一六六二年（康熙元年）公刊《大學》及《論語》最初五篇之拉丁譯，名《中國箴言》(*Sapientia Sinica*), 是為中國經書西譯印行之始。但此書非出於柏應理一人之手，譯筆主要成自郭納爵 (Ignacio da Costa, 1599~1666), 標題注以漢字殷鐸澤、郭納爵同述。時楊光先之反基督教運動起，利馬竇以下在華西教士皆被捕，送至廣東，殷鐸澤為陳情教皇，赴羅馬，途中發表《中庸》譯本《中國政治道德學》(*Sinarvm Scientia Politico-Moralis*), 一部分印於廣東(1667), 一部分印於臥亞(1669), 附孔子傳。此書於一六七二年（康熙十一年）再版於巴黎，同時法譯發表，是年《中國布教紀要》(*Compendiosa Narratione della Stato della Missione Cinese*) 出版於羅馬。所著《中國

[1] 公元1655年爲順治十二年。——編者註

祭祀舉證》(*Testimonium de Culti sinensi*), 死後一七〇〇年（康熙三十九年）出版於里昂。

柏應理至華後，駐江蘇一帶，從事布教，與名書家吳歷（漁山）相知，施洗禮。旋為報告會務及請增派傳教士，奉會命，一六八一年（康熙二十年）發澳門，向羅馬，使命完成後歸華途中，死。居歐期中，傾其造詣，從事著述，一六八七年（康熙二十六年）發布《中國哲人孔子》(*Confucius, Sinarum Philosophus, sive Scientia Sinica latinè exposita*), 是書為《大學》《中庸》《論語》之拉丁譯，附孔子略傳，為《論語》《中庸》全譯及《大學》西譯之始，孔子詳傳亦以此為嚆矢。此書非成於柏師一人之手，受同僚恩格理 (Christian Herdtricht, ？~ 1684, 德人) 等人之協力，成於柏師者為卷首進表序文及卷末中國年代表，孔子傳為恩氏編述。柏師更著有：(1) 一六八六年（康熙二十五年）巴黎刊行《傳教中國之耶穌會士諸神甫名錄》(*Catalogus Patium Societatis Jesu*); (2) 《許太夫人傳》(*Historia nobilis foninae, Gandida Hiu*); (3)《中國史年表》(*Tabula Chronologica Monarchiae Sinicae[2952 B.C.~ 1683 A.D.]*，Paris, 1687); (4) 《傳教師廣東流謫後布教事情》(*Relatio de statuet qualitate missionis Sinicae, post reditum patrum Cantonensi exilio sub annum 1671*, 一六八一年前後撰) 。①為翻譯華人所著，耶穌會上小傳之正確典據也；費賴之 (Aloys Pfister) 於一八七三年（清穆宗同治十二年）訂正增補出版於《上海之入華耶穌會士列傳》第一編 (*Catalogus Patrum ac Fratum Societate Jusu*. Pars 1) 實祖述此書。②徐太夫人者，徐光啟之女，亦西教信徒。是書原本似為拉丁語，印刷發表，以法譯為始，一六八八年（康熙二十七年）刋於巴黎，有西意華等譯本。③自太古至一六八三年（康熙二十二年）之中國年表，封面記曰一六八六年（康熙二十五年）印行，卷末作一六八七年（康熙二十六年），竣工蓋在是年。有德譯本。④收於《諸聖人生歿記錄》(*Acta*

Sanctorun) 之第十三編，有意譯本。

柏師更助他人編述，又教漢語漢文，以促進中國研究，前者如監督南懷仁《康熙朝歐洲之星學》(*Astronomia Europaea sub lmperatore Tartaro-Sinico Cám Hy*) 之刊行（北京，一六八七年，康熙二十六年刊）；後者如教授普魯士醫師門策爾 (Christian Mentzel, 1622～1701) 華語是也。門策爾學習結果，著有《拉漢小辭典》(*Sylloge Minutiarum Lexici Latino-sinico-Characteristici*) 及《中國小年表》(*Kurtze Chinesiche Chronologia oder Zeit-Register a Her chinesischer Kayser*) 等。又盡全力於《中國語初步》 (*Clavis Sinica*) 及《中國辭彙》(*Levicon Sinicum*) 之編纂，此二書未刊，今藏柏林國立圖書館。門氏所著，皆甚幼稚，但足為歐西之中國研究沿革史上一插話也。

門氏研究，雖無何價值，但為歐洲在住學者，受傳教師刺激而研究中國之一例。卽開英之海德 (Thomas Hyde)、德之米勒 (Andreas Müller)、法之多爾普羅 (Barthelémy d'Herbelot) 研究中國之門徑，意義匪淺。

海德(1636～1705) 得種種研究材料於渡歐華人沈福宗 (Michel Tchin Fotsung), 著《中國度量衡考》(*Epistola de mensuris et ponderibus Sernm seu Sinensium*. Oxford, 1688) 等論文，為英國東方學之先覺。

海德關係於當時析斯忒 (Chester) 僧正窩爾呑 (Bishop Walton) 監督刊行之各國語對譯聖書一六五七年（順治十四年）版之編纂，自德意志來襄助此事業者，有學僧米勒 (Andreas Müller)。留英京期中，起學習華語之志，歸國後，努力於中國研究，為德國東方學之開祖。主要著作，為：(1) 《馬可波羅遊記校本》(*Marci Pauli Veneti, Historici fidelissimi juxta ac Praestantissimi de Regionibus orientalibus*. Coloniae＝Köln, 1671); (2) 《景教碑考》(*Monumenti Sinici*, Berolini, 1672); (3)《中國地理歷史論考》(*Disquisitio Geographica & Historicade*

Cathaja. Berolini, 1671); (4) 《中國雜事七講》(*Hebdomas Observationum de Rebus Sinicis*. Coloniae＝Köln, 1674); (5) 《中華帝國地名彙錄》(*Imperii Sinensis Nomenclator Geographicus*. Berolini, 1680); (6) 《北京官話辭典標本》(*Specimen Lexici Mandarinici*. Berlin, 1684); (7) 《漢文選釋》(*Speciminum Sinicorum*, 1685, 刊地未詳)；(8) 《阿布答拉被答威中國史譯註》(*Abdallae Beidavaei Historia Sinensis*. Berolini, 1689); (9)《中國帝王列名》(*Basilicon Sinense*, 刊年刊地未詳)。(2) (5) (8) 後日收於其論文集《東論纂》[1] (*Opsula nonnulla orientalis*. Frankfurt a/M, 1695) 中，再公於世。

法蘭西類此二人者，厥為法蘭西學院 (Collège de France) 之敘利亞語教授多爾普羅 (Barthelémy d'Herbelot), 氏(1625～1695) 巴黎人，十七世紀東方學史上重要人物也。精通阿拉伯、希伯來、波斯諸語，不嫻華語，其所著十七世紀東方學綜覽之"東方文庫"(Bibliothèque Orientale) 收入中國關係項目甚多，予極東歷史文物研究者以南針。為百科全書之體，著者生前，未見上梓，其死後一六九七年（康熙三十六年）始刊於巴黎。

參考文獻

一、本章全體之參考書，推前引石田著及：

1. 田中萃一郎，《支那學の沿革》,《東洋學報》第八卷第三號、第九卷第一號、第二號，大正七年九月、大正八年一月六月所載。

2. 岩村忍,《支那のキリスト教に關する文献》,《蒙古史雜考》,昭和十八年二月，白林書房出版。

3. Aloys Pfister, Notices biographiques et bibliographiques sur les mission de I'ancienne de Chine, Changhai, l932~1935.

---

❶ 書名疑有佚之。——編者註

4. Henri Cordier, Billiotheca Sinica, Paris, 1904~1908.

5. T'oung Pao.

二、明末以來耶穌教布教史，參考：

1. Catholic Encyclopaedia, Vol. Ⅲ. New York, 1908. p. 672 以下所收 Cordier 執筆 Society of Jesus 等項。

2. H. Havret, La Mission de Kiang-nan. Paris, 1900. 最初二章。

3. Alph. Favier, Péking. Histoire et Description. Péking, 1897.2 vols. 布教史之條。

4. 《燕京開教略》（前書布教史條之漢譯）三册。

5. 黃伯祿 (Pierre Hoang) 撰，《正教奉褒》二册，上海，光緒三十年(1904) 三版。

6. K.S. Latourette, A History of Christian Missionin China. New York, 1930.7. 葉德祿編輯，《民元以來大主教史論叢》，民國三十二年二月，輔仁大學圖書館出版。

三、關於西力東漸之歷史的背景，參看：

1. 田中萃一郎：《東邦近世史》，二册，東京，明治三十三年—三十五年(1900~1902).

2. 齋藤阿具：《西力東漸史》，東京，明治三十五年(1902).

3. 失野仁：《近世支那外交史》，京都，昭和五年(1930).

4. 藤田豐八：《東西交涉史の研究南海篇》，東京，昭和七年(1932)，所收葡萄牙人澳門占據以前に至ゐまでの諸問題。

四、關於日本之海外交通，參看辻善之助：《增訂海外交通史話》，昭和五年五月，內外書籍株式會社出版。

五、關於鈎雷斯 (Gores)，參看內田銀藏：《シラ島及びゴ—レスに就きて》，《藝文》六之三、四、八、十，七之一、四、九，八之一、四、八，九之一。1915.1~1923.1（未完）。秋山謙藏：《歐舶來航前後に於ける東洋諸國の海上貿易》,《社會經濟學》, 昭和十年九、十月。

六、關於利馬竇 (Matteo Ricci), 參看: P. Pelliot, La peinture et lagravure européennes en China au temps de Mathieu Ricci. T'oung Pao 1920～1921.

七、門多薩 (Mendoza) 著書之英譯，The History of the great and mighty kingdom of China and the situation thereof, compiled by parde J.G. de Mendoza, ed. by S.G.T. Staunton, with an-introduction of R.H. Major. London, 1853.

八、關於鄂本篤 (Benedict Goës) 參看:C. Ritter, Die Erdkunde von Asien.I. Berlin, 1832.

九、關於三浦安針 (William Adams) 及荷蘭人，參看: Memorials of the Empire of Japan in the XVI and XVII centuries. Edited with notes by Th. Rundall. Lond, 1850.

十、關於平戶及出島之商館，參看: Ph. Fr. de Siebold, Voyage au Japon. Paris, 1838.

第六章
第十八世紀（清代中葉）
歐西之東方研究

西洋傳教師既陸續東來，其地位亦頗有利。然直至康熙初年，急於西學之移植，緩於中國之研究；華人受於西人者多，西人傳自華人者尠。洎至康熙中葉，召至內廷之傳教士，——路易十四世 (Louis XIV) 為有資於法國內東方研究之興隆並裨補國內工業之振興，而特派之數人傳教師，卽白進 (Joachim Bouvet)、張誠 (Jean François Cerbillon)、徐日昇 (Thomas Pereira, 1654～1708) 之輩；一行中未入宮廷之劉應 (Claude Visderou)、李明 (Louis Lecomte) 之徒，及已仕朝廷之杜德美 (Pierre Jartoux, 1668～1720)、雷孝思 (Jean Baptiste Regis) 等傳教師，或盡力於中國一般事情之報告，或盡力於領內之測量製圖，各展所長；更助長此傾向，且提高歐洲本國之中華文物探求心者，為典禮問題 (Questions des Rites) 之勃發。典禮問題者，為新來西教士間討論耶穌教本義與中國從來之禮俗間能否妥協之理論上問題，但實際上視為耶穌會派傳教師與他派基督教士間之勢力爭奪，亦無不可。初利馬竇之傳道中華也，許改宗者保守舊來之慣習儀式，對祖先之祭祀，孔子之崇拜，皆寬容不問。且以為祭天儀禮，與耶穌教之尊崇上帝，亦未必矛盾。乃獲有多數信者，博得聲望，成功之因，亦在於此。然耶穌會派所執布教方針，為後至之他派傳教師，即多敏我派 (Domincio)、奧斯定派 (Augustin)、海外傳道教會 (Missions étrangères) 等教士所非難，此等異論者一致團結，訴之羅馬教皇，教皇克萊孟第十一世 (Clemente XI) 於一七〇四年（康熙四十三年）下詔書，宣告：中國從來之祭禮，墮於偶像崇拜，禁止耶穌教徒之容認習合，翌年安谷 (Antiochia) 大僧正鐸羅（或作多羅，Cardinal de Turnon, 1668~1710）奉教皇命至北京，謁康熙帝，奏教皇意，帝雖優待禮遇之，但不從其請，說明中國崇拜祖先之眞意，縷述羅馬教皇對中國人民無制定法令之權。鐸羅 (de Turnon) 在北京時，又得教皇一七〇四年（康熙四十三年）十一月二十日發教書，更非難耶穌會派傳道方針，嚴禁其實行，但觀望四周情形，不敢發表，先懇請統轄在華各會派傳教師之總主教之設置，及其權限之承認。帝納耶穌會派諸師勸告，拒之，諭以違旨教士之放逐，其結果，自始斡旋此問題之海外傳道教會嚴嘉樂（又名閻當，Charles Maigrot, ？~1730）師，放逐澳門，鐸羅 (de Turnon) 大僧正一旦至南京，考慮帝與教皇間之妥協點，在京所收教皇教書，仍不敢發表，以待時機之到來；終以無望好轉，乃決意作教書之摘要，為聲明書，以己名宣布之，反駁康熙帝之見解，命不從教皇諭旨之傳教師退出中國，一七〇七年（康熙四十六年）二月事也。帝立即逮捕鐸羅 (de Turnon)，送至澳門，命葡萄牙人監視之，葡人關於耶穌教之宣布，素掌握東方傳道之特權，惡他國人之侵占，今鐸羅 (de Turnon) 大僧正未至里斯本受葡王允許，擅自來華，已激發其感情，加以蔑視臥亞大主教之統管權，欲別為中國教區總司教之創置，更加葡人嫌惡之心，乃藉此好機，嚴重監禁，鐸羅 (de Turnon) 於無限憤滿中，一七一〇年（康熙四十九年）客死獄裏。

然羅馬教皇廳仍不改前態，一七二〇年（康熙五十九年）派亞力山大利亞大主教嘉祿 (Giovanni Amorogio Mezzabarba) 請於淸廷，康熙帝不改前言，親察中國實況，亦悟教皇諭旨之難行，私製妥協案，與教皇廳折衝，不得要領，空歸故國。至是，康熙帝方針與教皇主張，完全乖離對立，帝於一七一八年（康熙五十七年）重令，嚴禁未經勅許之教士留居國內，守利馬竇教風者，允其滯留布教；教皇廳依然持反對態度，傳教師之立場，甚感困離矣。

典禮問題興起結果，各派傳教師，皆為擁護己派，詳研中國禮俗，其報告論難，大刺激歐洲教界，西人對於中國文物之知識，乃見一大進展，此近代歐西東方知識發達史上重要事件也。康熙帝崩殂（一七二二年，康熙六十一年），雍正之世，對耶穌教傳道，仍採禁制方針，一七二四年（雍正二年）勅，除以學術供奉內廷者外，不問對典禮問題態度如何，禁所有外國傳教師之居住國內，中國西教陷於非常悲境，次帝乾隆大體襲此方針，一七四七年（乾隆十二年）宣布除奉職宮廷者外，放逐全國各地西洋教士，敢犯禁者，或拘禁，以刑戳，❶以彈壓之，於是西教徒更遭苦難時代。至一七七三年（乾隆三十八年），或排他為世非難之耶穌會，因猛烈之他派嫉視，法國波旁 (Bourbon) 家之擡頭羅馬教皇之壓迫等政治原由，遂有教皇克萊孟第十四世 (Clemente XIV) 之結社傳導禁止之命，乃至解體分散，其活動舞臺中國方面之西教傳導，更墮窮境，遣使會 (Lazaristes) 及從來之多敏我會 (Dominico) 代之，僅保餘喘。此諸派更因法國大革命之結果，失羅馬正教之保護者，亦深嘗艱難，故傳教師之中國研究，頗形寂寥。但此期間，清朝歷代皇帝對於西洋學問，或尊重之，或愛好之，故出入內廷之特殊教士，不絕其跡，就中關於觀象編曆，至道光十七年（一八三七年），高守謙 (Serra, ？～1826) 以疾退職，就歸國之途，舉為欽天監監正或監副者，相繼。成於彼等手中之中國研究，雖細且

❶ “刑戳”當爲“刑戮”。——編者註

微，然亦未嘗絕也。

漸次發展之傳教師中國研究及關聯而起之歐洲在住學徒之東方學勞作，至十七世紀末期，更一進轉。前述路易十四世對外方針之一，法蘭西自諸種目的，尤其自盛興中國文物研究之目的，更積極東派優秀傳教師，當時典禮問題，更增糾紛，益提高彼等探究中國事情熱度，此等形勢，相為表裏，中國研究乃有新局面之展開。一六六六年（康熙五年）科爾伯特 (Colbertt) 設立之科學院 (Académie des Sciences)，為補訂從來地理學、星學之知識，派會員於歐美各地，中國方面則以耶穌會傳教師任之，此為對華新方針實現最初之機緣，俊秀布教師新向東土。一八六五年（康熙四年）[1]三月三日，精通數學之耶穌會士洪若翰 (Jean de Fontaney)、李明 (Louis Lecomte)、劉應 (Claude Vesderou)、白進（或作白雪[2]，Joachim Bouvet）、張誠 (Jean François Cerbillon) 等六人上航海之途。當時葡萄牙對法國之東方進出，甚感不快，不欲法人之自澳門入華故便乘廣東華商王華士蓬船浮海，一六八七年（康熙二十六年）七月二十三日抵浙江省寧波。北京政府據浙江巡撫金鋐報告，以未携護照為理由，命其歸國。但以其中或有通曆法者，廟議一變，决使其入京，洪若翰等於一六八八年（康熙二十七年）二月八日入燕，三月二十五日（康熙二十七年二月二十一日）以徐日昇之嚮導，謁康熙帝於乾清宮。結果彼等或受命留京，或被派至地方，盡忠清帝，同時努力於本來使命之進行。

李明 (Louis Lecomte, 1655～1729)，法蘭西人，生於波爾多

---

❶ 1865年爲同治四年，康熙四年爲1665年。據上下文來看，此事發生於1666～1687年，據呂穎《清代來華皇家數學家傳教士洪若翰研究》（載《清史研究》2012年第3期）考證，1684年年底此教団始成形，因此，此處當爲1685年（康熙二十四年）。——編者註

❷ “白雪”疑爲“白晉”。——編者註

(Bordeaux)，到北京後，先至陝西，後跋涉各地，其間試為一六八九年（康熙二十八年）出現之彗星觀測及其他諸種天文觀測，於此方面，甚著功績。一六九二年（康熙三十一年），奉會命，為報告中國傳道狀況，赴羅馬，旋歸故國，著《中國現勢新誌》(*Nouveaux Mémoires sur l'Etat présent de la China*) 三卷，一六九六年（康熙三十五年）至一六九八年（康熙三十七年）出版於巴黎。此書一面傳當時中國事情，一面關於典禮問題辯護耶穌會士之主張，問世後，惹甚大注意，第一卷公刊翌年（一六九七年，康熙三十六年），第二卷出刊，一六九八年（康熙三十七年）第三卷出版，有英荷等譯本。然此書有推稱華人過度之評，著者更撰《中國典禮論》(*Surles Cérémonies de la Chine*. Liège, 1700) 以代解嘲。但典禮問題之論諍，更加激烈而不已。一七二九年（雍正七年）捐館，年七十四。

劉應 (Claude Visderou, 1656～1737) 生於布勒塔涅 (Bretagne)，到北京後，派至山西地方，從事布教，居二載，困於生活，轉住南京。其後一赴廣東，旋歸北京，司新入信者之教育，更努力於漢籍之研究，遂至精通；結果發見關於典禮問題，其僚友卽耶穌會所屬諸教士之見解，於立論基礎上，頗有誤謬，披瀝於鐸羅僧正，以功任貴州司教，然以當時康熙帝之新方針，不得繼續住華，一七〇九年（康熙四十六年）[1]六月二十四日，去中土，至印度，一七三七年（乾隆二年）十一月十一日故，壽七十五。劉應居華，於典禮問題以外，最注意研究者，為中國歷史，尤其雄視北方之塞外民族之歷史。彼素讀東方文庫，頗資參考，以其未據中國史藉[2]記事為缺點，自譯漢史關於匈奴、突厥、契丹、蒙古等記載，專取材於馬端臨《文獻通考・四裔考》；並集後世史家考證，作稿本四册，送至歐洲，《韃靼史》(*Histoire de la Tartarie*)

[1] 公元1709年爲康熙四十九年。——編者註

[2] “史藉”當爲“史籍”。——編者註

是也。然不幸此稿本不為當世所注意，及附錄於前述東方文庫再版，漸得學者關心，東方文庫再版以下，以有此著及劉應勞作景教碑文新譯，而與東方學結深缘。景教碑文之翻譯考釋，魯德照 (Alvarez de Semedo)、卜彌格 (Michele Boym) 嘗試為之，至劉應益形進步，譯文更較正確，劉應如專心於東方學方面之述作，業績必多可觀，但以出入典禮問題，奔走無暇，史學、文學著述之少，為可惜耳！

其次宜記者，其張誠 (Jean François Cerbillon, 1654~1707) 乎？氏法蘭西凡爾登 (Verdun) 人。一六八七年（康熙二十六年）來華，翌年至北京，以其語學天才，不久熟達满洲語，受康熙帝眷寵，參與外交樞機，與徐日昇共列於尼布楚會議(1689)，對該條約之成立，為淸廷斡旋者甚多，其後更博帝之信任，屢扈從北狩。一六九三年（康熙三十二年）俄羅斯（莫斯科大公）使臣來華之際，奉勑以意大利語當折衝之任，一六九九年（康熙三十八年），洪若翰歸國後，繼之為中國布教長，旅行蒙古地方者八次，旅中見聞之一部，收於杜赫德 (Jean Baptiste du Halde) 編《中華帝國全誌》第四卷，為有力史料，益於後世。

與張誠並立者，其為白進 (Joachim Bouvet, 1656~1730) 乎？生於法國魯滿 (Le Mans), 居華時，甚得康熙帝之寵，與張誠同為帝師，講述數學，日夕親炙帝側，深知帝之性行及公私生活全部，了悉帝之全貌。所撰《康熙帝傳》(*Portrait historique de l'Empereur de la Chine*. Paris, 1697) 自表裏描寫大帝面目，毫無遺憾，乃定評也，為考究帝傳者，所必參稽者。康熙帝因白進，深感法國出身耶穌會士之學識，使白進一旦歸國，圖更招致多數優秀之士。白進奉命於一六九七年（康熙三十六年）歸法，携康熙帝贈與路易十四世之漢藉四十九册，收於巴黎王室文庫 (Bibliothéque royale, 今國民圖書舘之前身)；當時藏於此文庫之漢藉僅四册，至是稍增其數。白進於故國新得優秀宣教學僧十人，翌年一六九八年（康熙三十七年）率之來華，其秋入燕，宣教之外，從事於中國文物之研究，又受帝命，分擔清朝領內各地之實測，努力於地圖之製作。此十傳教師之渡來，及此後二三十年間渡來法國傳教師之學術活動，實位於西教教士中國研究之頂點，為西人極東研究史上放一異彩也。

一六九八年（康熙三十七年）三月六日，由法國西海岸洛瑟爾 (La Rochelle) 港出發之商船安非特利特 (Amphitrite) 號，載白進以下十教士，赴東方，七閱月，十月六日至上川島，此安非特利特 (Amphitrite) 號，為最先至中國之法蘭西商船，搭乘此船之宣教師，在東方研究史上，重佔重要地位，船之派出目的，在於貿易，法國東印度公司及得登 (Durden) 所命，促其實現者為白進，十宣教師中須特記者，其為馬若瑟 (Joseph Henri de Prémare)、巴多明 (Dominique Parrenin)、雷孝思 (Jean Baptiste Régis) 三人乎。

馬若瑟 (Joseph Henri de Prémare, 1666~1736), 生於哈弗爾 (Le Haure), 逝於澳門，來華後，於江西省袁州府從事布教，注意於中國文物之學術研究，與白進、傅聖澤 (Jean François Fouquet), 法人，一六九〇年，康熙二十六年來華）[1]共檢討《易》《春秋》《老子》《淮南子》等古典，於此尋求與基督教同一論旨。別為太古史之述作，著有《書經所見以前之時代與中國神話之關係》(*Recherches sur les temps antérieurs à Ceux dont parle le Chou-King et sur la mythologie Chinoise*), 當時未行出版，一七七〇年（乾隆三十五年）始附載於宋君榮 (Antoine Gaubil) 書經卷頭問世。而馬氏一代大著，厥為《中國語劄記》(*Notitia Linguea Sinicae*), 正確傳中國語之性質構造於歐人之最初專書也。至一八三一年（宣宗道光十一年），始由英國倫敦傳道教會 (London Missionary Society) 經營馬拉加英華書院 (Anglo-Chinese College) 上

[1] 馬氏等來華爲1698年（康熙三十七年）。——編者註

梓，有英文譯本。馬氏尚譯有元曲百選中之《趙氏孤兒》，附錄於杜赫德 (Jean Baptiste du Halde)《中華帝國全誌》,對法國文國頗有影響。

巴多明 (Dominique Parrenin, 1665~1741) 生於柏松山 (Besancon) 附近之類策 (Leutre), 渡華後，至一七四一年（乾隆六年）九月二十九日逝於北京，甚得康熙帝之寵，備政治外交之顧問，奉命從事於華語、滿語之學習，雖無學術上特殊研究，然於對俄交涉，多有功業。至上言康熙帝，慫慂領內之實測製圖，肇端之績，有足多者。

雷孝思 (Joan Baptiste Régis, 1663 ~ 1738) 生於布羅温斯 (Provence) 伊斯特爾 (lstes) 地方，嘗翻譯《易經》(*Y-King, Antiquissimus Sinarum Liber*), 足稱勞作，為此書最初之西文全譯；而監督中國全土之實測製圖，更屬殊勳。康熙帝之領內實測，始於康熙四十七年（一七〇八年），促進此事業者，為巴多明，而任其事者為雷孝思以下諸教士，自關外各地始，漸及於內地各省，行天體之觀測，以定經緯度，施三角測量，以度地之廣狹，更加西藏、朝鮮。杜德美 (Pierre Jartoux) 督董下，綜合統一，作總圖一幅，五十六年（一七一七年）竣工，上之朝廷，賜名《皇輿全覽圖》。原圖存否不明，乾隆丙子所作原本，鈔圖四十一張，存瀋陽故宮，影印題名《滿蒙合壁[1]清內府一統輿地秘圖》。乾隆庚辰所作原本，鈔圖百四張，存北京故宮，影印題名《乾隆十三排銅版中國圖》。地圖原稿教士送至法蘭西，今藏巴黎外交部古文書館，由此可知初稿面日[2]。任測地事業者，除雷孝思外，有白進、杜德美 (Pierre Jartoux, 1669~1720, 法人)、費隱 (Fridelli, 德人，1740 年歿)、麥大成 (Cardoso, 葡人)、潘如 (Guillaume Bonjour, l670~1714, 法人)、湯尚賢 (Pierre Vincent de Tartre, 1669~1724, 法人)、馮秉正 (Joseph Anne Marie de Moyriac de Mailla, 1669~1748, 法

❶ "合壁" 當爲 "合璧"。——編者註

❷ "面日" 當爲 "面目"。——編者註

人）、德瑪諾 (Roman Hinderer[Henderer]，1669~1744, 法人) 諸人，各著功績。

洎乾隆時代歐人之中國研究，仍以法教士為中心，其業蹟視前期毫無遜色，宋君榮 (Antoine Caubil)、錢德明 (Jean Joseph Amiot)、韓國英 (Pierre Machal Cibot), 其著者也；而馮秉正 (Jeseph Anne Marie de Moyriac de Mailla) 大作之問世，亦在此期。馮秉正 (Joseph Anne Marie de Moyriac de Mailla[de Moyria de Maillac]，1667~1748) ❶生於伊細爾 (lsere) 之邁拉 (Mailla), 一七〇三年（康熙四十二年）來華。通滿、漢文，治中國史，康熙時滿譯《朱子通鑑鋼目》，彼乃參考滿譯及漢文原本，為法譯，又譯明商輅等之《續通鑑鋼目》，補宋末元明史實，更就東西諸書及所見聞，追補明末清初事，書成，寄故國，一七七七年（康熙十六年）至一七八三年（康熙二十二年），始陸續刊於巴黎❷，為《中國通史》(*Histore générale de la Chine. ou Annales de cet Empire*; traduites du Tong-Kien Kang-Mou) 十二卷，歐人由此書易知中國史要略，近法國考狄 (Cordier) 著《中國通史》，清以前仍多取資於此云。

宋君榮 (Antoine Gaubil, 1689~1759) 為此期教士之最邃於漢文者。生於南法上郎格多 (Laut Languedoc) 之加雅克 (Gaillac), 一七二二年（康熙六十一年）來華，留北京三十六載，繼巴多明授滿洲青年拉丁語，以備對俄外交，其傑作，為卒後十二年一七七〇年（乾隆三十五年），巴黎出版之《書經》法譯 (*Chou King*)、《禹貢篇》尤為歐西學人所常引用。生前出版者，有《成吉斯汗及蒙古史》(*Histoire de*

❶ 馮秉正生卒年本書有1669~1744年，1667~1748年兩種說法，據今考證认爲前者正確。——編者註

❷ 此事發生於1777~1783年，中國年號紀年爲乾隆四十二年至四十八年。馮氏生前未得刊行。——編者註

Gentchiscan et de toute la dynastie des Mongous, ses Successeurs, Conquērans de la Chine. Paris, 1739). 其《大唐史綱》(*Abrégé de l'Histoire Chinoise de la Grande Dyaestie T'ang*. Paris, 1791~1814) 及其附錄《中國紀年論》(*Traité de la Chronologie chinoise*. Paris, 1814) 均於其歿後刊行。蒙古史本明邵遠平《元史類編》所編述,《大唐史綱刊》於《中國雜纂》第十五卷及第十六卷中，其未刊之稿，尚有《蒙古史關係類考》《歷史地理論考》《書簡》等。

宋君榮之次如德人魏繼晉 (Florian Bahr)、法人吳多祿 (Pierre Foureau)、孫璋 (Alexandre de la Charme)、湯執中 (Pierre d'lncarville)、汪達洪 (Jean Mathieu de Ventavon) 等耶穌會士，皆身居北京，有所研究，及錢德明 (Jean Joseph Amiot) 出，殆集大功於一身焉。

錢德明 (Jean Joseph Amiot, 1718~1793), 一名王若瑟，生於土倫 (Taulon), 一七五一年（乾隆十六年）入北京，凡四十二年而卒，通滿漢語文,研究中國文物史實,精核侔宋君榮,而博雅過之,主要著述:(1)《乾隆帝御製盛京賦》之法譯 *Eloge de la Ville de Moukden* (Paris, 1770). (2)《中國兵法考》(*Art militaire des Chinois*. Paris, 1772). (3)《中國音樂古今記》(*De la Masique des Chinois, taut anciens que modernes*. Paris, 1780). (4)《孔子傳》(*Vie de Koung-tsée*. Paris, 1786). (5)《滿法辭典》(*Dictionnaire tartare-mantchou-français*. Paris, 1789~1790) 三卷。(6)《滿洲語文典》(*Granmaire tartate-mantchot*. Paris, 1787) 等。《孔子傳》畢載孔子系譜，自其先世以訖乾隆時之衍聖公，聳動歐人,《滿法辭典》插入滿洲活字，印刷困難，以法教育部之獎勵，得竟其業。此外短篇論文，多刊入《中國雜纂》中。

一六三九年（明毅宗崇禎十二年），日本仍許荷蘭贸易，平戶商館毀於一六四〇年（崇禎十三年），翌年移於出島，商館長每年赴江戶一次，拜謁將軍，一七九〇年（清高宗乾隆五十五年）後，改為四年一次，然此日本貿易之獨占，使荷蘭海上之權威益大，西班牙、葡萄牙之貿易衰微後，南洋之支配權，為其掌握，貿易居留地散於各處。

此時關於印度、日本及其他各國之重要著述，多成於荷蘭人之手，瓦連太 (F. Valentijn, 1666~1727) 一六八五年（乾隆五十年）赴亞洲，久居摩鹿羣島 (Molucca IS) 著《新舊東印度》(*Oud en Niew Oost-Indiën*, 3 Vols, Amsterdam)。

甲必丹加倫 (Francois Caron, 約 1600 ~ 1673) 著《日本國情記》(*Beschrijving-hevan het Machtingh Coninckrijck Japan*. Amsterdam, 1648).

杜夫 (Hedrik Doeff, 1777 ~ 1835) 一七九八年（清仁宗嘉慶三年）赴日，自一八○一年（嘉慶六年）至一八○七年（嘉慶十二年）為出島商館長，於本國衰微之際，獨守出島，商揚荷蘭之名於異國，著《日本回想錄》(*Herinneringen uit Japan Van Hendrik Doeff, Ridder der Orde Van den Nederlandschen Leeuw, oud Opperhoofd der Nederlanders in Japan op het Eiland Decima 1799~1817*. Haarlem, 1833), 為當時日本對外關係之重要資料。

一六六三年（清聖祖康熙二年）哈美 (Hendrik du Hamel) 於朝鮮沿海遇險，至一六六六年（康熙五年）與同僚被幽囚於朝鮮，一六六八年（康熙七年）出版旅行記於鹿特丹 (Rotterdam), 有法、德、英諸譯本。

荷蘭以外他國人士所著關於日本之著述，亦以出島之有荷蘭商館而出現，德國植物學者檢夫爾 (Engebrecht Kaempfer) 自一六九○年（康熙二十九年）至一六九二年（康熙三十一年）, 居荷蘭商館，著《日本史誌》(*Beschryving Van Japan*. Amsterdam, 1733), 關於日本之貴重著述也。

十八世紀後半，有瑞典植物學者陳伯里 (C.P. Thunberg, 1743~

1828)，一七七五年（乾隆四十年）經巴達維亞，至日本，居日本五閱月。任荷蘭商館公使侍醫，曾隨同拜謁將軍，為西伯爾德 (Sielold) 以前研究日本之巨擘。著《歐西旅行記》(*Resa uti Europa, Aferica, förrättad*. Arcn, 1770~1779.4 vols, Up-sala, 1788~1793).

英人於一六六一年（清世祖順治十八年）得莫臥兒帝國許可，於蘇拉特 (Surat) 開植民地之基；一六六一年（康熙元年）[1]查理二世 (Charles II) 與葡萄牙皇女結婚，葡人乃割孟買 (Bombay) 與英；一六九〇年（康熙二十九年）加爾各答 (Calcutta) 建成，英法因印度而抗爭時，英占孟加拉 (Bengal)。一七二五年（清世宗雍正三年）莫臥兒帝國除得少數之收入外，予印度公司以全權，公司與英政府之關係，則決定於一八七八年（清德宗光緒五年）[2]，此後加爾各答之英國總督或副王之支配開始。至此，西歐民族始得征服東方文化國之一。

自是以還，印度研究，異常方便，利用此研究者，當然為英吉利，英國更進而關心於近東、遠東各國，印度之英人地位，頗似荷人之於巽地羣島 (Sunda Is)，東方最初之學術協會，一七七九年（乾隆四十四年）成立於巴達維亞 (Batavia)，孟加拉亞細亞協會之創立於加爾各答也，則在一七八四年（乾隆四十九年）。

論印度之英人最初著書，有巴西阿爾 (R. Persival) 之《錫侖記》(*Beschreibung der Insel Ceylon, übers*. Von J.A. Bergk. Leipzig, 1803)，著者一七九七年（嘉慶二年）率英國軍隊至錫侖，一八〇〇年（嘉慶五年）為遣土王使節團之主席。

印英之交通，主依海路，但亦有由陸路者，如浮斯達 (George Forster) 之旅行 (1783 ~ 1784) 自孟加拉 (Bengal)，經克什米爾 (Kashmir)、加布兒 (Kabul)、堪答哈 (Kandahar) 及赫拉特 (Herat)，出

❶ 康熙元年爲公元1662年。——編者註

❷ 公元1878年爲光緒四年。——編者註

裏海，乘俄船，至阿斯特拉汗 (Astrakhan), 著有《旅行記》(*A journey from Bengel to England*. London, 1798).

歐人之東方旅行，至十八世紀，始有完全出自學術上之目的者，安克底耶杜佩倫 (Anquetel Duperron, 1731~1805) 之印度旅行是也。氏研究東方語言於巴黎，為研究祆教 (Zoroastra), 一七五四年（乾隆十九年）赴印度，一七六二年（乾隆二十七年）歸國，一七七一年（乾隆三十六年）發表蘇魯阿士德之書《阿維斯塔》之全譯 (*Zend-Avesta, Ourrege de Zoroastra*), 功績不顯於時，甚至有謂其所譯原文為偽書者，今日被崇為此方面之先驅者焉。氏別著《印度之歷史的地理的研究》(*Recherches historiques et géographique surl'Inde 1787*)、《印度與歐羅巴之關係》(*L'Inde et rapport avec I'Europe 1790*).

西伯利亞則俄羅斯於克薩克東進後，一七二五年（雍正三年）舉行最初之探險，所謂第一回堪察加 (Kamchatka) 探險是也。蓋依大彼得帝之意志而實行者。主要目的為調查亞細亞與亞美利加之間有無海峽，任命仕於俄羅斯之瑞典人白令 (Vitus Bering) 為探險隊長，一七二八年（雍正六年）自鄂霍次克 (Okhotsk Sea) 起程，一七三〇年（雍正八年）歸，此時雖未達亞美利加海岸，但知亞美兩大陸間確有海峽。此後不久，因元老院書記官長奇利羅夫 (Kirillov) 之計劃，派遣大規模探險隊於西伯利亞各地，是為第二次堪察加探險，白令亦參加焉，踏查今日之白令海峽，調查堪察加半島，一七四一年（乾隆六年）死於白令島。

是時中國在住西教教士之中國研究，至以法人為中心之測量製圖而達極點，對此，本國傳教師中，亦有相當業積，而最著者，為法國耶穌會士杜赫德 (Jean Bastiste du Halde), 其不朽名著《中華帝國全誌》四厚冊，為明末以來迄於當時歐西中國研究百五十年成績之一大集成，西洋中國學空前之金字塔，可誇於世界之記念碑也。

杜赫德 (Jean Bastiste du Halde, 1674~1743) 法人，生於巴黎，一六九二年（康熙三十一年）十八歲入耶穌會，專司編纂，該會士盧哥比安 (Le Gobien, 1653~1708) 死後，監督海外傳教耶穌會士《書簡集》(*Lettres édifiants*) 之續輯刊行，其第九卷至第十六卷，實杜赫德親自校訂上梓者也。氏之志於《中華帝國全誌》之編述，蓋於校訂《書簡集》中得讀多數傳教師報告之結果也。杜赫德將集於身邊之布教師書簡報告研究等，巧加安排，進行《中華帝國全誌》卽《中華帝國及中國領韃靼之地理的、歷史的、年代記的、政治的記述》(*Description géographique, historique, chronologique, politique, et physiuqe de l'Empire de la Chine et de la Tartarie chinoise)* 之編述大業。書凡四卷，第一卷記利用於本書編纂之手記作者，凡二十七人，為衛匡國 (Martin Martini)、南懷仁 (Ferdinand Verbiest)、柏應理 (Philippe Couplet)、安文思 (Gabriel Magalhaens)、洪若望 (Jean de Fontaney)、白進 (Joachim Bouvet)、張誠 (Jean - François Gerbillon)、衞方濟 (François Noël)、李明 (Louis Le Comte)、劉應 (Claude Visdelou)、雷孝思 (Jean-Baptiste Regis)、馬若瑟 (Joseph Henry de Prémare)、殷弘緒 (François-Xavier Dentrecolles)、公東平 (Julien-Placide Hervieu. Cyr Contancin), 戈維里 (Pierre de Goville)、巴多明 (Jean - Armand Nyel. Dominique Parrennin)、杜德美 (Pierre Jartoux)、湯尚賢 (Vincent de Tartre)、馮秉正 (Joseph Anne-Marie de Mailla)、Jean. Alexis Gollet、Claude Jacquemin Louis Porquet、沙守信 (Emeric de Chavagnac)、宋君榮 (Antoine Gaubil)、Jean-Baptiste Jacques 等人。一七二五年（雍正十三年），出版於巴黎[1]，有英、德、俄等譯木。

《中華帝國全誌》插入康熙帝時傳教師之中國實測圖，是圖為當

[1] 《中華帝國全誌》出版於1735年，故“一七二五年（雍正十三年）”當爲“一七三五年（雍正十三年）”。——編者註

時名聲一世之製圖家王室技師丹維爾 (Jean Baptiste Bourgignon d'Anville) 及部下門生改描刻版者也。一七三七年（乾隆二年）於荷蘭海牙出單行本，曰《中華新圖》(*Nouvel Atlas de la Chine, de la Tartarie chinoise, et du Thibet*)。現今中國地圖流布本，多據一八六三年（同治二年）胡林翼刻於武昌之《皇朝中外一統輿圖》(《大清一輿圖》)；此武昌圖，亦不過丹維爾圖之覆刻翻字而已。

《中國雜纂》(*Memoires concernant des Chinois*) 為北京各教士研究中國史實、學術、風俗、藝術、習慣之結集，全稱：《北京在住布教師撰關於中國歷史、學術、藝術、風俗、習慣等之論考》(*Mémoires concernant l'Histoire, les Sciences, les Arts, les Moeurs, les Usages. & c. des Chinois: Par les Missionaires de Pékin*)，為十六册之大論叢，收集各家論考，一七七六年（乾隆四十一年）刊第一卷，一八一四年（嘉慶十九年）刊至十六卷，歷四十年，為十八世紀中國研究之紀念叢書。當編訂出版之任者，主要為耶穌會學僧蒲婁梯 (Gabriel Bretier) 及歷史家布雷其尼 (L.G. Oudart Feudrix de Brequigny)，最後獨步當代之東方學者薩栖 (Sylvestre de Sacy) 任之。此書有意大利人潘廷章 (Giuseppe Panzi) 筆乾隆帝肖像，潘氏與同國人郎世寧 (Giuseppe Castiglione)、法蘭西人王致誠 (Jean Denis Attiret)、艾啟蒙（或稱艾納爵，lgnatius Sickelbarth）、蔣友仁 (Michel Benoit) 等，皆介紹泰西藝術於中國之重要人物也。

上述《中華帝國全誌》與《中國雜纂》，為十八世紀東方學雙璧，如更加一書，則鼎立而三，其為《耶穌會士書簡集》(*Lettres édifiantes et curieuses ecrites des Missions Etrangères par quelques Missionnaires de la Compagnie de Jesus*)歟？為當時歐洲人中國研究之源泉，集旅居中國及東印度教士之書牘報告，分類編纂，一七〇二年（康熙四十一年）創刊，迄一七七六年（乾隆四十一年）共刊三十四卷，當其任者為耶穌會士盧哥比安 (Le Gobien)、杜赫德 (Du Halde) 等。有各國之全譯、部分譯、節本多種。

歐洲本土之中國研究，日益進展。有傅爾蒙 (Etienne Fourmont, 1683~1745) 者，幼學於麻薩蘭學院 (Collège Mazarin), 後任家庭教師,時有福建興化人黃某,游學海外傳道教會 (Missions Etrangères) 所屬之巴黎神學校，教皇路易十四令傅爾蒙從之習華語，著華語入門书，後為法蘭西學院阿拉伯語教授，仍織續研究漢文，黃卒後，保存其遺稿，一七四二年（乾隆七年）刊《中國文典》(*Grammatica Sinica*), 為五百餘頁之鉅册，此書以西班牙教士維洛 (Francisco Varo) 之華語官話文法為藍本，譯成拉丁文而已。氏又嘗襲取馬若瑟《中國語劄記》，而疵議之，其學人品性，頗無足取，惟法國初期漢學者竇桂內 (Joseph de Guignes) 等，均出其門，其中國研究華路襤褸之初，終不可沒焉。傅爾蒙姪戴早萊 (De Shauterayes) 繼之為王室文庫譯官，治滿漢語，校刊馮秉正《中國通史》，為世所稱。

傅爾蒙之出藍弟子為竇桂內 (Joseph de Guignes, 1721~1800) 一七三六年（乾隆元年）執贄傅門，一七四二年（乾隆七年）傅爾蒙《中國文典》成書，曾偕之共謁教皇，受賜金。師歿後，與同門戴早萊共任王室文庫譯官，一七四八年（乾隆十三年）刊《匈奴突厥起源論》(*Mémoire historique sur l'origine des Huns et des Turcs*) 於巴黎，名重一時，一七五六年（乾隆二十一年）成巨著《北狄通史》(*Histoire, générale des Huns, des Turcs, des Mongols et des autres Tartares occidentaux, avaut et depuis J.C. Jusqu'à present*), 又二年，而全書告成。以中國史籍與歐西記述對照，比較異同，為十八世紀法國漢學界傑著。一七八九年（乾隆五十四年）法國大革命起，全國雲擾，氏服務一博物館，仍能不廢所業，曾試譯《春秋》，而未成書。氏以漢民族為埃及之移民，發表《中國人為埃及植民說》(*Mémoire dans lequel on prouve que les Chinois sont une colonie, égyptienne*), 雖為錢德明等教士所駁斥，而當時頗多信其說者。其子小竇桂內 (Christian Louis Joseph de Guignes, 1759~1845) 繼父學，曾任廣東領事，受拿破崙第一命，著《漢法拉丁對譯字典》，刊於一八一三年（仁宗嘉慶十八年），體勢堂皇，象徵大帝事業之一班，唯實以意大利人姬茂納 (Basilio de Gemona) 之《漢字西譯》(*Dictionarium Sinico-Latinum*) 稿本為據，附以法譯而已。

巴黎之東方語學校 (Ecole spéciale des langues orientales vivantes) 於一七九六年（嘉慶元年）六月二日正式開學，其倡議設立者，為藍歌籟 (Louis Mathieu Langlès, 1763~1824)，氏以教授任校長，授波斯、滿洲、馬來語，時當大革命之後，國力凋敝，艱難締造，栽成多士，樹立法國東方研究發展之基礎，其畢業生且受俄皇亞力山大第一之聘，入俄國，開法國東方學之支派，藍氏著有《滿洲字母論》(*Alphabet tartare-mandchou*. 1787)，乃參考錢德明稿本而成，為以活字印滿文之始。復有《王室文庫所藏滿文典籍考》(*Notice des livres tartars–mant choux de la Bibliothèque roya'e*)、《乾隆欽定滿洲典禮考》(*Rituel des Tartars-mantchoux, rédigé per l'Ordre de l'Empereur Kien-Long*. Paris, 1804) 等書，其人滿文造詣，實至淺薄，其著作為後人所譏議，唯創立之學校，則日趨發展，一八四四年（道光二十一年）[1]設中國語正式講座，一八八四年（德宗光緒七年）[2]設遠東歷史地理講座，為法國遠東外交官研究者之胚胎地。

荷蘭人蒙他奴斯 (A. Montanus) 居歐洲研究日本，著《荷蘭東印度公司日本遣使錄》(*Gedenkwaerdige Gesantschappen der Oostlndische Maetschappy in't Vereenigde Nederland, aen de Kaisaren van Japan.*

---

❶ 公元1844年爲道光二十四年。——編者註

❷ 公元1884年爲光緒十年。——編者註

Amsterdam, 1669).

東來教士及歐洲學者之東方研究，經以上概觀之路徑，日益進步。中國學 (Sihology)、印度學 (Indology)、日本學 (Japanology) 皆相繼成一獨立學科焉。

參考文獻

一、本章全體之參考書，仍推石田、田中、Aloys Pfister 等著，及：

1. 北京中法漢學研究所:《十八世紀十九世紀之法國漢學》，民國三十二年五月出版。

2. 大日本文明協會:《歐米人の日本観》，明治四十一年—四十二年。

3. 矢吹慶輝監修:《外人の觀たゐ日本國民性》，昭和九年二月，中央教化團體聯合會發行。

4. 石田幹之助:《西洋人の眼に映じにゐ日本》，岩波講座，日本歷史。

5. H, Cordier, Bibliotheca Sinica², 4 vols. Paris, 1904 ~ 1908. Supplément, 1 vol. Paris, 1922~1924.

6. R. Streit, Bibliotheca Missionum, Bd. Ⅳand Bd.V. Aachen, 1928~1929.

7. H. Cordier, L'lmprimerie Sino-Européenne en Chine Bibliographie des ouvrages publiés en Chine par Européens au ⅩⅤⅡ^e et au ⅩⅧ^e Siècle. Paris, 1901.

8. Ch. Pezobry, Th. Bachelet et M.E. Darsy ed, -Dictionnaire général de Biographie et d'Histoire…12 meéd Paris s.d. 2 vols.

9. Du Halde, Description géographique, historipue…4 vols. Paris, 1735.

10. J.C. Blunet, Manuel du Librairie et de l'amateur de livres. 6 vols. Paris, 1860~1865. Supplément, 2 vols. Paris, 1878~1880.

11. T'oung Pao.

二、關於典禮問題，參看：

1. R.C. Jenkins, The Jesuits in China and the Legation of Cordinal de Tournon An Examination of Conflicting Evidence and an Attempt at an Imperial Jndgement. London, 1894.

2. A. Huoder, Der chinesche Ritenstreit, Aachen, 1921.

3. 岩忖忍:《支那のキリスト教に關する文献》,《蒙古史雜考》,昭和十八年二月，白林書房出版。

三、關於十八世紀歐洲中國趣味之流行，卽文學、美術、建築、造庭等之 Chinoiserie, 參看 : Reichwein, China uud Europe. Geistige und Künstiche Beziehungen im 18. Jahrhundert. Berlin, 1923. 英譯為 China and Europe. Intellectual and artistic contacts in the Eiteenth Century. London and New York, 1925. (Hist. of Civiliz Series)

四、關於中國思想尤其儒學思想之影響歐洲，參看：

1. 後藤末雄：《東西文化の流通と孔子教の西漸》,《思想》五十七一五十八，1926, 7~8。

2. 後藤末雄：《ヴオルヲ—ルの支那文明觀》,《思想》六十九，1927, 7。

3. 阪口昂：《ライプニッツの支那の最近事[Novissima Sinica]について》，內藤博士還曆祝賀支那學論叢所收，京都，1926。

4. 五來欣造：《儒教の獨逸政治思想に及ぼせる影響》，東京，昭和四年(1926).

五、錢德明：《論漢字書》(Lettre sur les caractères Chinois), 收於《中國雜纂》第一卷中。

第七章
第十九世紀（清嘉慶）以後東方研究之發達

中國學 (Sinology)、印度學 (Indology)、日本學 (Japanology) 十九世紀於歐洲各成立獨立學科以來，東方研究，日益進步，實源於科學思想之發達；殖民政策之進步，十九世紀歐洲自然科學者因技術之改良，觀測實驗方法之確立，蒐集多數實物材料，立新假設以說明諸現象；但東方學部門之研究方法，尚無異於昔也。言語學、歷史學、人種學至十九世紀研究方法完成，因之此等知識部門，始得科學體系之性質，乃漸次自覺適用同樣方法於研究東方諸言語、東方諸民族之歷史及生活樣式之必要。西力東漸於十八世紀，稍息其鋒。清初沿明例，澳門葡人至廣東市易，及平台灣，開海禁，設榷關，而西洋諸商舶，來者益衆，康熙間，英人屢來互易，然未嘗立約通商，其立約通商者，惟俄羅斯；中俄之立條約，始於一六八九年（康熙二十八年）尼布楚條約，至一七二七年（雍正五年），有恰克圖之約，鴉片戰(1840年) 後，海禁大開。日本於一八四五年（清文宗咸豐四年）[1]因美國彼里 (Perli) 之來航而開國。英法殖民地之競爭，法歸失敗，一八五七

❶ 美國人彼里率艦隊初次到達日本在1853年（咸豐三年），此處疑爲1854年（咸豐四年）。——編者註

年（咸豐七年）印度莫臥兒帝國亡；翌年，全國行政，直隸英王。西力東漸，於此而三。於是利用其科學方法，研究此新登世界舞台之遠東。

1. **法蘭西**

法蘭西中國學 (Sinology) 之得完成一種專門學問，實富慕沙 (Abel Rémusat, 1788~1822) 等之業績，氏生於巴黎，為一侍醫之子，因墜樓盲一目，十一歲著《神話小辭典》，十四歲著《英國王室之學譜年表》，十七歲喪父，投身刀圭界，入四國宮 (Palais des Quatre-Nalions) 之中央學院 (Ecole Centrale)，習醫。幼卽嗜植物學，因欲讀《本草綱目》，手傳爾蒙文典，以獨學通漢文及滿洲語，一八一一年（仁宗嘉慶十六年）發表《中國語言文學論》(*Essai sur la Langue et la Littérature Chinoise*)，時僅二十三歲。一八一二年（嘉慶十七年）發表漢文及滿文所記一銘文之解讀 (*Explication d'une Incription en chinois et en mandchon*) 於伊塞爾縣報 (Journal du Département de l'Jsère) 第六號，一八一三年（嘉慶十八年）二十五歲時，以研究中國醫藥之論文，得巴黎大學博士學位。巴黎法蘭西學院 (Collège de France) 於一八一五年（嘉慶二十年）十一月二十六日，創設中國學講座，氏為首任教授，翌年一月十六日開課講演，述歐羅巴中國語研究之起源進步及效用 (*Sur l'Origne, les Progrès et l'Utilité de l'Etude du chinois en Enrope*)，後日收入其論文集《亞細亞雜纂》第二卷。當時並刊行《漢滿語言文學講義要目》(*Progamme du Cours de Langue et de Littérature chinoise et de tartare-mandchoue*)。一八一六年（嘉慶二十一年）四月五日，被選為金石文藝院 (Académie des Inscriptions et Belles-Lettres) 會員，一八一八年（嘉慶二十三年）三月舉為著名之《學藝雜誌》(*Journal des Savants*) 編輯委員。一八二二年（宣宗道光二年）與德國漢學者克拉勃羅德 (Klaproth) 等協力，發起亞細亞協會 (Société Asiatique) 於巴黎，刊行

《亚細亞學報》(*Journal Asiatique*), 續刊至今，雄視東方學界。

一八二三年（道光三年）於藍歌籟 (Langlès) 卒後，任王室文庫東方文籍部主任，更為盲啞教育改革委員、王室印刷局東方鈔本出版委員等，一八二八年（道光八年）任內政部文藝調查委員，一八二九年（道光九年）任亞細亞學會會長，是年一月一日發行《普遍》(*L'Universel*), 盡忠於守舊派，翌年七月，革命爆發，遂廢刊一八三二年（道光十二年）六月三日以虎疫卒。氏研究範圍廣博，譯著甚富，著書有《塞外民族言語考》(*Recherches sur les langues tartares*…, 1820), 《漢文啟蒙》(*Eléments de la grammaire chinoise*, 1822), 《法顯傳（佛國記）譯註》，收入《亞細亞雜簒》(*Mélanges asiatiques*, 1825~1826)、《新亞細亞雜纂》(*Nouveaux Mélanges asiatiques*, 1829)、《遺稿類編》(*Mélanges posthumes d'histoire et de littérature Orientales*, 1818). 其著作目錄，詳見《中日雜纂》(*Chinese and Japanese Repository*) 第一卷(1863) 八一頁。

繼雷氏之講座者為儒蓮 (Stanislas Julien, 1799~1873), 王韜謂其"在國中譯習我邦語言文字，將四十年。於經史子集，靡不窮搜遍覽。……所譯《太上感應篇》《蠶桑輯要》《老子道德經》《景德鎮陶錄》，鈎疑抉要，襞績條分，駸駸乎登大雅之堂，入述作之林矣。癸甲以來，潛心內典，考索禪宗，所譯如《大慈恩三藏法師傳》《大唐西域記》，精深詳博，殆罕比倫。於書中所載諸地，咸能細參梵語，證以近今地名，明其沿革。"(《與法國儒蓮學士》，見王弢《園尺牘》中）。氏曾譯《灰闌記》（元李行道所作劇）、《白蛇記》等曲本小說，研究絹之製法。任教職四十餘年，卒當光緒初元。

名弟子畢甌 (E. Biot, 1803~1850) 研究《竹書紀年》，著《中國教育論》(*Essai sur l'Histoire de l'Instriction Publique en Chine*. Paris, 1847), 而法譯《周禮》，尤推盛業，自叙譯文，以為不在巴比倫亞述

發掘業績之下。巴參 (Antoine Pierre Louis Bazin, 1799~1863) 以譯戲曲名。至繼承儒蓮之大學講座者，為其高足德理文 (De Saint Denys, 1823~1918), 曾譯《文献通考・四夷考》, 予當時人種學研究者以重要資料，更譯唐詩及屈原《離騷》, 氏於一八九二年（光緒十八年）去職，沙畹 (Emmanuel Edward Chavannes) 繼其任。

沙畹 (Emmanual Edward Chavannes, 1865~1918) 生於里昂 (Léon), 一八八九年（光緒十五年）來華，任譯官於使館，回國繼任巴黎法蘭西學院漢學教授，選任學士院會員，一九〇七年（清德宗光緒三十三年）經西伯利亞再東遊，訪興京清陵、遵化等處，探求史實。《史記》法譯為漢學界蓋世名作。譯文既正確詳盡，且有豐富之底注，創見既多，考証及比較法亦復精細，書分五册，名曰《司馬遷〈史記〉》(*Les Mémoires Historiques de Seu-Ma Ts'ion*, 1895~1905), 譯文至孔子世家而止。在此書前後，氏曾著《兩漢時之石畫像》(*Sculpture sur Pierre en Chine au temps des denx Dynasties de Han*, 1898) 及《北華訪古錄》(*MisSion Archéologique dans la Chtine Septentrionale*, 1905~1915) 二書，圖像豐富，解說精細，由此開西歐研究中國古代藝術之風尚。較《史記》譯注稍後者，則為《泰山誌》(*Le T'ai-Chan*, 1910), 啟發後之學者以社會學研究漢學之途徑。其他重要著作，若《西突厥史料》(*Documents sur les Tou Kine[Turcs]Occidentaux*, 1903. 馮承鈞譯，民國十四年三月，商務版）。除吾國史料以外，更探求其他國家民族之記載，為治西北不可或缺之書；《大唐西域求法高僧傳譯註》(*Mermoire sur les bonzes qui al1érent chercher la loi dans les Pays d'Oc cident*, 1894) 為治西域之佳作；與伯希和 (P. Pilliot) 合著之《中國摩尼教考》(*Traité manichéen retrouvé en Chine*, 1913) 為研究摩尼教佳著；《中國佛藏中五百故事選》(*Cinq cent comtes et Apoloques extraits du Tripitaka Chinois*, 1910~1911) 為研究中國佛教傳說必知之書，其他重要論文不下七八十種。一九〇三年（光緒二十九年）主辦西歐唯一漢學雜誌《通報》，著述講授，巍然為歐洲漢學泰斗。一九一八年（民國七年）一月二十九日與世長辭。

繼沙畹之漢學講座者，為馬伯樂 (Henri Maspero, 1883~) ，父加斯東馬 (Caston Comille Charles Maspero), 本意大利人，一九〇七年（光緒三十三年）入法國籍，以埃及學者名，曾任開義羅博物館長。氏學於沙畹考狄，於河內遠東法蘭西學校 (Ecole française d'Extrê ne-Orient), 教授有年，以研究中國古方言古韻為專長，安南史語亦有其貢獻。近年轉向於道教研究，所著《中國古代史》(*La Chine antique*, 1928) 最負盛譽，多獨到之點；《唐代長安方音考》(*Le Dialecte de Tcharng-ngan sous les T'ang B*, E.F.E.O. 1920) 在古音學上極有貢獻；《安南古代之歷史》(*Etudes d'histoire d'Annan*.B.E.F.E.O. 1910~1916) 亦治安南史之重要書籍。其弟喬治 (Georges Maspero) 著《占婆史》(*Le Royaume de Champa*.T.P. 1910~1911. 馮承鈞譯，民國二十三年三月，商務版) 首尾完具，為今日占婆史空前選述。

法蘭西學院於一九一一年（宣統三年）特為伯希和設中央亞細亞歷史地理考古學講座。伯希和 (Paul Pelliot, 1878~) 者長馬伯樂四歲[1]，光緒四年生於巴黎，習文學於法蘭西大學文科，研討於安南河內遠東法蘭西學校 (Ecole Française d'Extrêne-Orient)。遠東法蘭西學校乃一八九八年（光緒二十四年）安南總督杜麥 (Doumer) 所創立，始在西貢，一九〇二年（光緒二十八年）移於河內，有圖書與博物舘，集中學者，刊行校刊，為法國東方學研究之重要機關。庚子拳亂時，伯氏曾受圍於北京使館，以一兵士奮戰，一九〇六年（光緒三十二年）至一九〇九年（宣統元年），旅行中央亞細亞，從事於考古。一九〇八

[1] 伯希和1945年去世。馬伯樂生於1883年，伯氏生於1878年，相差5歲。——編者註

年（光緒三十四年）三月，於甘肅敦煌縣東南鳴沙山麓莫高窟中，發見唐及五代人寫本及雕本古籍，選其精品，携以過北京，並為巴黎國民圖書舘置大量漢籍，返國後考訂研究，以敦煌學名世，推為學士院會員。一九二二年（民國十一年）曾為羅馬教皇圖書館編漢文書目，並出席美國波士頓之英法美亞細亞學會聯合會。一九三五年（民二十四年）再遊華，並過日本，參觀東方文化研究院、帝國大學等處歸國。氏於漢籍目錄校勘，核洽為當代歐人第一；通英、俄、華、藏、蒙、安南、波斯、土耳其語文，研究範圍泛涉東方學各部門；考狄卒後，主編《通報》，名滿天下。著書不多，而論文則宏富且極博洽深刻，書籍中如與沙畹合著之《中國摩尼教考》，前已言之。他若《敦煌圖錄》(*Les Grottes de Touen-Houang*, 6 vols, 1920~1926) 六本，乃刋印敦煌藝術者，論文多書評式，不勝枚舉。

郭德梅爾 (Etienne Marc Quatremere, 1782~1857)，法蘭西學院教授，譯波斯史家拉施特《史記彙纂》(*Jamiut - Tawārika*) 之旭烈兀傳記，附以原文，名《波斯蒙古史》(*Histoire des Mongols de la Perse écrite en Persan Par Rashid-eddin*, Tome I. Paris, 1836)，收於東方叢書，為拉施特此部之權威翻譯，序文中，載拉施特詳傳。

畢爾奴夫 (Eugène Burnouf, 1801~1852)，梵語學者，法蘭西學院梵語教授，判讀杜佩倫 (Anquetil Duperron) 携至巴黎圖書館之朕德語（古波斯語）寫本，一八四〇年（道光二十年）至一八五〇年（道光三十年）發表《朕德語研究》(*Etudes sur la langue et sur les textes Zendes*)，介紹祆教於歐洲；印度學方面，與威爾孫 (H.H. Wilson) 同時着手神典 (Purāna) 之研究，發表《薄伽梵派神典或吉栗瑟拏史詩》(*Le Bhâgavata Purâna ou Histoire Poétique de Krishna*. Paris, 1840, 1844). 關於佛教，著《印度佛教史序論》(*Intruduction a I'Histoire du Bouddhisme indien 1845*. Posth, 1852) 二卷，建歐洲梵語研究之基礎。

萊奴德 (Joseph Toussaint Reinaud, 1795 ~ 1867), 巴黎大學 (Université de Paris) 阿拉伯語教授，著《阿伯爾肥達地理記述之譯註》(*Géographie d'Adboulféda traduite l'arale en francais*. Paris, 1848).

傅舍 (Alfred Foucher, 1865~) ，佛教美術研究之權威，巴黎大學教授，一八九五年（光緒二十一年）至一九〇七年（光緒三十三年）被派至安南、暹羅、闍婆，作學術探險，齎多數考古學蒐集品於羅佛兒 (Louvre) 博物館，一九〇一年（光緒二十七年）及一九〇五年（光緒三十一年）至一九〇七年（光緒三十三年）任河內遠東法蘭西學校校長，其後一九一八年（民國七年）至一九二一年（民國十年）再渡印，一九二一年（民國十年）入波斯，一九二二年（民國十一年）至二六年（民國十五年）西為法蘭西之阿富汗考古學探險隊長，歸法途中(1925)留日本及北京，留日時，為日法會舘學監。佛教美術學識之宏汎，研究之綜合精緻，為當代第一。一八九五年（光緒二十一年）以來，數回踏查犍陀羅地方之結果，成巨著《犍陀羅之希臘佛教藝術》(*L'art grees-bouddhique du Gandhāra*. 2 vols 1905, 1918~1922), 詳細綜合，所論無餘。又於尊像學，有《佛教尊像學研究》(*Etude sur l'iconographne bouddhique*. 2 vols 1900, 1905).

東方現代語學校 (L'Ecole des lanques Orientales Vivantes) 遠東史地講座之名教授，為考狄 (Henri Cordier, 1849~1925), 生於美，學於法，研究於英倫，一八六九年（同治八年）曾遊學中國，一八七六年（光緒二年）歸國，一八八一年（光緒七年）任職東方現代語學校，推為亞細亞學會會員、地理協會總裁、撒爾明奴 (Sorbonne) 大學高等研究院 (Ecole des Hautes Etndes) 研究員，一八九〇年（光緒十六年）與荷蘭漢學家施古德 (Gustave Schlegel, 1840~1903) 創辦當時西歐惟一漢學雜誌《通報》(*T'oung Pao*), 以英法德文字合刊，為國際漢學刊物之權威，久任編輯。氏通中國史地、法制、經濟、外交等，尤能博覽典籍，薈萃各家之說，加以有條理之總集。其所編《漢學書目》(*Bibliotheca Sinica*, 1878~1885, 增補及再版 1904~1924)、《日本學書目》(*B. Japonica*, 1912)、《安南學書目》(*B. Indiasinica*) 久為世人所喜用，分類得體，子目詳細，為治東方學必備之書。此外《中國與西洋各國外交史》(*Histoire des Relations de la Chine avac les puissances occidentales*, 1860~1902.3vols) 三册，尤享盛名。充分利用西歐各國之外交檔案，尤以法國為甚。氏曾補註裕爾 (Henry Yule) 之《馬可波羅游記》(*Ser Marco Polo*) 及《東域紀程錄叢》(*Cathay and the way Thither*); 譯註《鄂多立克東方行紀》(*Les Voyages en Asie au XIVe Siecle de Odoric de Pordenone*, 1891), 均關中西交通史者。晚年更編四本《中國通史》(*Histoire Génèrale de la Chine*, 1920~1921), 以第四本為最精，加入珍貴之外交史料甚多。

繼考狄教授於東方現代語學校者，為葛蘭言 (Marcel Granet, 1884~1940), 一九〇七年（光緒三十三年）畢業於法國高等師範學校 (École normale supérieure), 一九一一年（宣統三年）至一九一三年（民國二年）任職北京法國公使館，從事漢學研究。一九一三年（民國二年）回國，繼沙畹之後，任巴黎大學宗教科學部遠東宗教研究導師，一九二〇年（民國九年）以《中國古代節令及歌謠》(*Fêtes et chansons anciennes de la Chine*. Paris, 1919) 一書，得巴黎大學文學博士學位。自一九二五年（民國十四年）兼任東方現代語學校史地法制教授，一九二六年（民國十五年）為中國高等研究所 (Institut des Hautes Etudes Chinoises) 教授兼校務長。氏受漢語文於沙畹，習社會學於杜爾幹 (Emile Durkheim), 喜以現代社會學觀點釋中國古典，為其特色。別著有《中國人之宗教》(*La religion des Chinois*, 1922)、《中國舞蹈及傳說》(*Danses et légendes de la Chine ancienne*, 1926. 李璜節譯本，名《中國的跳舞與神秘故事》，民國二十二年，中華版）等。

東方現代語學校，復有維謝爾 (Arnold Vissière, 1858～1930)者，曾任總領事於北京，有華語入門書，有研究回教之論文。

巴黎以外，法國大學有漢學講座者為里昂 (Lyon) 大學，古恒 (Maurice Courant, 1865~) 任教授，曾編巴黎國民圖書館中國書目，並有關於中國音樂之著書。

列維 (Sylvain Levi, 1863～1935) 精梵文，為名佛教學者，曾遊華，講學北京大學，留日數年，會與日本高楠順次郎監修《法寶義林》(P. Demieville, *Dictionaire Encyclopédique du Bouddhisme d'arpres les sources Chinoises et Jeponaises*. Tôhy, 1929~)，著《龜茲語考》(*Le "Tokherien B" Langue de Koutcha*, Journal Asiatique, Ⅱ^e sere 2, 1913),《王玄策使印度記》(*Les missions de Wang Hiuen-tsé dans l'Inde*, J. as., 1900)（二文均有馮承鈞華譯，入《史地叢考》，民國二十一年一月，商務版）。

格魯塞 (René Grouset) 著《遠東史》(*Histoire de l'Extrême-Orient*. 2 vols. Paris, 1929. 馮承鈞譯其一篇，為《蒙古史略》，民國二十三年，商務版）。

鄂盧梭 (L. Aurouseau, 1888～1929) 著《秦代初平南越考》(*La Premiere conquête Chinoise des pays annamites IIIe Siele a vant notre ere*. 馮承鈞譯，民國二十三年，商務版）。

亞細亞學會秘書費瑯 (Cabriel Ferrand) 以治南洋交通史名，著自《八世紀至十八世紀極東爾係阿拉伯、波斯、土耳其之旅行記及地理書》(*Relations de Voyages et Textes Geographiques Arabes, Persans et Turks relatifs a l'Extreme-Orient du VIIIe au XVIIIe siecles*. Paris, 1913),《崑崙南海航行記》(*Ancient Voyages to Condor Island and The China Sea*. Journal Asiatique, 1919. 馮承鈞譯，民國十九年，商務版）。

色伽蘭 (Victor Segalan) 於民國十三年，考古陝西、四川，著《中國西部考古記》(*Gilbert de Voisino et Jean Lartiqu mission Archeologique en Chine—1914~1917*.2 Vols. Paris, 1923~1924).

沙海昂 (Antoine Charignon, 1872~1930), 铁路技師，馬可波羅之研究家，一八九八年（光緒二十四年）來華，入民國任交通部技正有年，歎馬可波羅書之無法文普及本，以鮑節 (Pauthier) 本為藍本，利用《新元史》《新疆西域圖誌》《元史譯文証補》《歷代地理沿革圖》等中國最近諸研究，成《馬可波羅行紀》三册 (*Le Livre de Marco Polo*. 2 Vols. Pekin, 1924. 馮承鈞譯，民國二十五年，商務版) 。

枚布 (Ch.B. Maybon, 1872~1926) 通華語及安南語，《安南近世史》(*Histoire Moderne du Pays d'Annam 1527~1820*) 為其代表作，受法國學士院賞，安史之重要概說書也。

梅布 (Albert Maybon) 曾任《西貢報告》(*Courier Saigonnais*) 主筆，一九一〇年（宣統二年）創立法蘭西亞細亞協會 (Societe Les Francais d'Asie), 為書記長，一九一二年（民國元年）至一九一四年（民國五年）旅行中國雲南、廣西各地，一九一六年（民國五年）至日本，是年十一月，發刊《印刷所》(*Maison de la Presse*) 及《極東時報》(*L'Information d'Extréme-Orient*), 又創立法蘭西同好會 (Sociéte des Amis de France), 經營書肆法蘭西書院於東京市神田區，一九二一年（民國十年）至一九二三年（民國十二年）任日本東京外國語學校法文教授。同年歸法後，發表東亞經濟論文，關於中日著述，不下十餘種，著有《現代日本》(*La Japon d'Aujoud'hui,* 1925) 等。

晚淸以後之法國教士，以上海徐家匯、河北献縣天主教堂為中心，從事漢籍之研究與譯述，其業亦多可觀，最著者為顧賽芬 (Seraphan Couvreur, 1839~1919) 與戴遂良 (Léon Wieger, 1856~) 。顧賽芬一八五三年（咸豐三年）入耶穌會，一八七〇年（同治九年）來華，習華語於北京，後居河間天主教堂，為神父有年，嗜古典，能文章，著《法華字彙》(*Dictionnaire Francais-Chinois*, 1884)、《漢法大字典》(*Grand Dictionnaire Chinois-Francais*, 1890)、《法文及拉丁文譯中國詔令奏議公文選集》(*Choix de documents, lettres officielles proclamations édits, memorioux, inscriptions...Texte Chinois avec traduction en Francais et en Latin*, 1894)，並法譯四書、《詩經》《禮記》《春秋左傳》《儀禮》。戴遂良 (Léon Wieger, 1856~) 亦耶穌會士，一八八七年（光緒十三年）來華，以醫師而研究中國歷史哲學風俗，著《中國宗教之信仰及哲學思潮史》(*Histoire des croyanees religieuses et opinions philosophique en Chine*, 1917)、《近代中國風俗志》(*Folklore Chinois moderne*, 1894~1908)，譯《莊子》《淮南子》等書。

此外，步日耶 (Abbé H. Breuil) 及桑志華 (Père E. Licent) 與德日進 (Père Teilhard de Chardin) 之中國史前舊石器時代之研究，早已震驚世界之治史前史及人類學者。

法國對於東方文獻之蒐集，極為注意。基美博物館 (Musée Guimet) 多中國美術工藝品，羅佛兒 (Louvre) 博物館東方部有圓明園之刼掠品，伯希和之中亞發掘物。巴黎國民圖書館 (Bibliothèque national) 收羅漢籍，歷史悠久，於量於質，雄視全歐。伯希和於一九〇九年（宣統元年）復舉敦煌秘籍及在北京所蒐羅以益之，孤本珍抄，美不勝收，此外巴黎法蘭西學院中國研究所，由葛蘭言任董事，伯希和負蒐集之責，雖少天壤孤本，而採訪最勤，購求極備，甚適研究之用。至私人收藏，則有羅道爾 (Robert des Rotours) 者，系出名門，能華語，善讀書，曾譯《新唐書・選舉志》，營邸宅於巴黎近郊維羅孚拉 (Viroflay)，擁書十數萬卷，為歐洲私人第一漢藉收藏家。

法人所主持之東方研究刊物，有：(1)《通報》(*T'oung Pao*)，創刊於一八九〇年（光緒十六年），專以研究東亞各地歷史、地理、語言、風土為目的，而關於中國之論著尤多。考狄、沙畹、伯希和先後負責編輯，執筆者多歐洲名士，有英法德文論著。書報介紹，取材宏而別擇精，對於歐洲漢學家之身世傳記，亦多刊佈。編輯部在巴黎，發行部在荷蘭萊頓。(2)《亞洲學報》(*Journal Asiatique*) 由亞細亞學會刊行，雷慕沙等創刊於一八二二年（道光二年），已連續刊行百餘年，為世界有數之東方學術研究刊物。其研究目標以印度、西亞、埃及為主，間亦涉及中國，年分二卷，每卷二册，發行所為巴黎保提奈兒 (Paul Pauthner) 書店。(3)《河內遠東法蘭西學校校刊》(*Bulletin de l'Ecole Française d'Extrême-Orient*) 創刊於一九〇一年（光緒二十七年），年出一卷，後改為年刊二次，以研究安南及中國為中心。安南在文化上、民族上與中國關係非常密切，故常綜二者而論之。撰稿者多該校教授研究員，率用法文。書評犀利，有《通報》之風。(4) 巴黎又有《亞洲藝術評論》(*Revue des Arts asiatiques*)，創刊於一九二四年（民國十三年），執筆多各國名家，年刊四次，巴黎美術書店發行。

2. 荷蘭

荷蘭日本學 (Japanology) 之先導者，其為朋培 (Pompe van Meedermoort, 1891~1908) 乎？日本於彼利 (Perli) 赴日後，變從來之方針，許大船之建造，是時荷蘭為保持其貿易上之地位，修好日本，贈以蒸汽軍艦，一八五四年（咸豐四年）日本乃向荷蘭訂購，一八五七年（咸豐七年）竣工，命名日本 (Japan, 後改名咸監丸)，送至日本，朋培隨之東渡，為出島商館醫師兼練習之教官，貢獻於日本海軍及醫學者皆甚大，居日記錄，名《留日五載》(*Fijf Jaren in Japan 1857~1863*. Leiden, 1867)，大部分為日本一般之記述，江戶幕府末期之重要史料也。

萊頓大學之設漢學講座，則始於一八五五年（咸豐五年）。教授為霍夫門 (J.J. Hoffmann, 1805~1878)，曾從華人習語言，為荷蘭東印度公司書記，治漢學與日本學，七十三歲故，著作目錄有四十篇，以語學為基礎，所涉甚廣，關於日本之知見，至是乃有學術的組織。

繼之者為施古德 (Gustave schlegel, 1840~1903)，曾任通事於香港，歷訪華南各都邑，一八七二年（清穆宗同治十一年）歸國，一八七五年（光緒元年）任萊頓大學漢學教授，一八九〇年（光緒十六年）與法國漢學者考狄 (H. Cordier) 協力創刊《通報》(*T'oung Pao*)，久任編輯。著《星長解源》(*Sing Chin Khao Youen*. Uranographie Chinoise, 1875)，介紹中國天文學於泰西，其《華蘭辭典》(*Ho Hóa Bûn-Gi Lui-Tsian Nederlandsch-Chineesch Woordenboek met de transcriptie der Chineesche Karakters in het Tsiang-tsiu dialekt Hoofdzakelijk ten behoeve der tolken Voor de Chineesche Teal in Nederlandschlndië*. 1886~1890) 則煌煌四册，沾溉後學。氏卒後，繼其講座者，為哥羅特 (J. De. Groot)。

哥羅特 (Jan Jakob de Groot, 1854~1921) 著有《中國宗教心及宗教迫害》(*Sectarianism and Re1igious Persecution in China*. 2 Vols. Amsterdam, 1903)，而《中國宗教體系》(*The Religious System of China, Its Ancient Forms, Evolution, History and Present Apsect*. 4 vols. Leyden, 1892~1901) 一書，尤為成名之作。任職十年，一九一二年（民國元年）應德人聘，轉職柏林大學。

其後，衞賽 (M.W. de Visser) 以日本學家兼授漢學，一九三〇年（民國十九年）戴温達克 (J.J.L. Duyvenduk, 1889~1954) 專任漢學教授，成立漢學研究會，並刊萊頓漢學叢書 (Sinica Leidensia)。氏以外交官久居吾國，精通華語文，曾譯《商君書》，潤色美人德布斯 (Dubs) 之漢書英譯，其治學範圍亦廣，由伯希和推為《通報》編輯者。

近年蘭人教士之治漢學者，有哈克曼 (Heinrich Friedrich Lic Hackmann, 1864~)，曾任哥廷根 (Göttingen) 大學講師，一八九四年（光緒二十年）至一九〇一年（光緒二十七年）渡華，居上海傳道，一九〇一年（光緒二十七年）至一九〇三年（光緒二十九年）旅行中亞東亞，一九一三年（民國二年）歸國，為涵塘 (Amsterdam) 大學宗教史教授，著述頗多。

蘭人漢籍之蒐集，視英法等國有遜色，即十七世紀高留斯 (Jacodus Goleus) 由衛匡國所得漢籍，及休爾紐斯 (Justus Heurnius) 之華蘭拉丁語彙稿本，今皆入於大英博物館。

萊頓之東方學刊物，除《通報》外，復有《东方學報》(*Acta Orientalia*)，為荷蘭、丹麥、挪威東方學會聯合會之機關雜誌，用法英德文選述，每年四期，亦偶有漢學論文。

3. 德意志

雷慕沙以法國漢學者教授於巴黎大學時，對此，德國亦有中國學大師，曰克拉勃羅德 (Heinrich Julius[von]Klaproth, 1788~1830)，氏先雷慕沙五年，生於柏林，本化學家子，幼好化學、鑛物學、植物學等，長嗜東方語學，獨力學之，十八歲時，草《亞細亞雜誌》(*Asiatisches Magazin*) 第一、第二兩册，於中國歷史、佛教、文學，有所論列，名重當世。巴黎大學予以語言博士學位，後應俄國聘，一八〇九年（嘉慶十年）[1]俄皇派加羅夫金為大使，附以學術調查團，以克拉勃羅德 (Klaproth) 為譯官，十月抵恰克圖。次年入庫倫，因議覲見禮不合，二月折回。克氏此行調查蒙古民族，蒐集滿漢藏文書籍，並晤日本商人五郎次於伊兒庫次克，因編纂《日本語彙》。及還京，俄皇賜金，命為學士院特別會員，以犒其功。一八一〇年（嘉慶十五年）發表《阿富汗族語言起源考》(*Sur la langue des Afghans*) 於學士院 (Imperat. Russk. Akademii Nauk) 出版紀要，為快心大著。是年學士院上梓其論考集《亞細亞文學歷史語言雜稿》(*Archiv für asiatischen Literatur,*

[1] 1809年爲嘉慶十四年。——編者註

Geschichte und Sprachkunde）第一册，旋受教育部大臣命，編俄國學士院所藏漢滿圖書目錄，一八一一年（嘉慶十六年）為督造所需漢字，赴柏林，留十四月，任畢，乃辭俄聘。

當時歐洲天地，為拿破崙之舞臺，戰雲瀰漫，德以戰敗國，備嚐辛酸，學術研究，甚屬困難。克拉勃羅德不改素志，繼續鑽研，一八一二年（嘉慶十七年）發表《回鶻語言文字考》(*Abhandlung über die Sprache und Schrift der Uiauern*) 於巴黎，附刊華夷譯語中之高昌譯語，論回鶻為土耳其種。一八一五年（嘉慶二十年）入巴黎，由普魯士王資助研究，爾來，乃專心於東方學之研究。一八二三年（道光三年）刊《對照亞細亞語彙》(*Asia Polygrotta*), 一八二五年(道光五年)創刊《亞細亞雜誌》(*Magasin asiatique, ou Revue géographique et hiotorique de l'Asie centrale et septentrionale*) 登載中亞、北亞史地論文。一八二四年（道光四年）至一八二六年（道光六年），刊亞细亞歷史地圖 (*Tabloaux historiques de l'Asie, depuis la Monarchie de Cyrus jusqu'à nos jours*), 色彩地圖二十七葉，為東方歷史地圖之鼻祖，其小論文，則集錄於《亞細亞雜考》(*Mémoires relatifs à l'Asie, contenant des recherc heshistoriques, géographiques et philosophiques sur les peuples de l'Orient*. 3. tomes Paris, 1826~1828). 記清俄國境、滿族起源、蒙古歷史、運河原委、台灣琉球之地誌，以至長白山攀登記、紙幣起源考，所涉極廣。氏深通滿洲文學，一八二八年（道光八年）著《滿洲文選》(*Chrestomathie mandchoue*. Paris, 1828), 為滿洲語之入門書，並附刊教士錢德明 (Amiot) 譯《乾隆帝御撰盛京賦》之滿文，造成西人由滿文以接觸漢籍之機運，影響極大。研究範圍之廣，著述之多，邁越雷暮沙，故考狄 (Cordier) 盛稱之。惟其著作，多用法文，影響於國外者，較日耳曼人為多。

德國之印度研究，始於雪來福 (F. von Schlegel) 與包布 (Franz

Bopp) 之研究梵語。前者於《印度人之語言及其知識》(*Über die Sprache und Weisheit der Indien*, 1808) 之著書中，提示印度學之研究項目；後者於《梵語之動詞變化》(*Über das Conjugatonssystem der Sanscritsprache*, 1816) 中，以梵語為中心，作印歐比較言語學之第一步，規定梵語之言語學之價值。

一八一八年（嘉慶二十三年）雪來衛 (W. von Schlegel) 於伯恩 (Bonn) 大學開梵語講堂。繼之者，為諾威人拉森 (Christian Lassen, 1800～1876), 有印度古代研究 (Indische Aktertumskunde, 1847) 之綜合的研究。

克拉勃羅德 (H.J. Klaproth) 之後，有古滋拉夫 (K.F. Augustus Gützlaff, 1803~1851), 以教士東來，為英國商務局譯員，久居香港，著《道光帝之生涯》(*The life of Taou-Kwang, late emperer of China*, 1851), 並譯中國古文，咸豐初卒於香港。

同時有內曼 (K.F. Neumann, 1803~1870) 者，一八三〇年（道光十年）以修學為目的來華旅行，為慕尼克 (Munich) 及柏林圖書館購漢籍數萬卷，為德國漢學圖書樹其基礎。惟其所收之書，僅塵封於圖書館，既未編目。讀者亦至少。

十九世紀初，有西伯爾德 (Philip Franz von Siebold, 1796~1866) 者，學地文民俗，對東方研究，早生趣味，一八二二年（道光二年）任荷蘭東印度公司陸軍醫院外科少校，至爪哇 (Java), 旋任日本出島商館醫師，一八二三年（道光三年）八月到任，一八二八年（道光八年）去日，非僅蘭館一醫師，並受命研究日本之萬有學，渡日後一年，開學塾於長崎市外鳴瀧，研究西洋醫學及一般科學，試臨床講義，授藥局之處方，日本西醫自書籍之研究，入於實驗應用之域，西洋學術之研究有劃期之發達，氏之日本研究業績，收集於所著《日本》(*Nippon, Archiv zur Beschreibung von Japan und dessen neben und schutzländen*: 2

vols., Leyden, 1834)，為日本鎖國時代歐人記述日本之最大最良者。

一八五九年（咸豐九年）普魯士東亞考察團東來，一八六一年（咸豐十一年）中德正式締約，德人對於遠東，漸為注意。地質學者李希霍芬 (F.F. Richthofen, 1833~1905) 於一八六八年（同治七年）至一八七二年（同治十一年）四年間，踏查中國十一省，著《中國》(*China, Ergebnisse eigener Reisen und darauf gegründeter Studien*. 5 vols. Berlin, 1877~1912)，其黃土風成說、晉魯鑛產等調查，雖為全世界所注意，然與德人之中國研究，反有不良影響。蓋李希霍芬不能讀漢書，竟克成此鉅著，因使人覺中國研究與漢籍無關也。李書之引古證今，既多舛誤，而雨後春筍之屏棄漢書之中國研究，益無足觀。

舉十九世紀末期，德國漢學者可得三人。一為曉特 (Wilhelm Schott, 1862~1889)，以言語學者研究中國塞外民族及佛教。關於蒙古韃靼之論文，至今為人重視。

一為甲柏連 (Hans Georg Conon von der Gabelenlz, 1840~1893)，通滿洲語，由滿語以譯四書、《詩經》，並有《滿德辭典》(*Mandschu-Deutschen Wörterbuch*. Leipzig, 1864)、《漢文典》(*Chinesische Gramatik*, 1881) 等著，以言語學者貢獻於漢學研究。

成績最偉者，為葛魯貝 (Wilhelm Grube, 1855 ~ 1908)，氏本俄人，治中國語文，通女眞語，入德國，服務柏林人種博物館東亞部，為東方語言學校教授。一八九七年（光緒二十三年）來華，留北京二年。著《中國文學史》(*Geschichte der Chinesischen Literatur*. Leipzig, 1902)，為治中國文學史者必讀之書。其《女眞語言文字考》(*Sprache und Schrift der Juōen*, 1896) 尤為治斯學者之寶筏。氏雖俄人而卒於柏林附近，且事業生涯均在德國，著作亦以德文發表，故可視為德國漢學者。

復有司喬士 (Von Strauss, 1809~1899) 者，曾譯老子《道德經》及《詩經》，精讀原典，無忝信達，亦可稱也。

德國倣法國巴黎東方現代語學校之例，一八八七年（光緒十三年）於柏林創立東方語言學校 (Seminar für orientalische Sprache), 內有華日語兩部，為造就外交及商業人材而設，對於漢學之高深研究，則未遑致力。時德國二十一大學中，印度學、埃及學、巴比崙學之講座具備，而無純粹之漢學講座。柏林大學自一八九二年（光緒十九年）[1]甲柏連卒後無漢學科，自一九〇八年（光緒三十四年）葛魯貝卒後無漢文課程。碩儒夏德 (Friedrich Hirth) 失望於故國，乃赴美講學，以傳其衣鉢焉。

柏林大學於一九一二年（民國元年）正式設漢學講座，聘荷蘭人哥羅特 (J.J.M. Croot) 為教授。時為租借膠州後之第十四年。氏邃於中國宗教史之研究，深得威廉第二之優遇，為大學研究所購置典籍，倡導漢籍直讀，忽視文法。以大戰之故，其所策劃，未能全部實現。

一九二三年（民國十二年）福蘭閣 (Otto Eranke, 1863～) 繼其任。氏生於德國哈慈 (Horz) 邦，習梵文於哥廷根大學，一八八七年（光緒十三年）於柏林習華語，一八八八年（光緒十四年）供職德使館，服務北京、上海、廈門各地，博讀中國古籍。返國後於一九〇二年（光緒二十八年）至一九〇七年（光緒三十三年）任中國駐德使館德文參贊，嗣任漢堡大學教授，一九二三年（民國十二年）移講壇於柏林。一九三〇年（民國二十一年）退休，專精著述。著《中國史料所見之中亞突厥及西羌民族》(*Beitiräge aus Chinesischen Quellen zur Kenntniss der Türkvölker und Skyther Zentralasiens*, *Abh.* Kgl. preuss. Ak, Wis., 1904)、《中國土地制度論》(*Die Rechtsverhältnisse am Grundeigentum in China*. Leipzig, 1903), 其畢生大著，為《中華帝國史》(*Geschichte des Chinesischen Reiches*, 1903). 氏現年已八十，任德

[1] 公元1892年爲光緒十八年。——編者註

國學士院會員，提攜後進，為漢學宗師。中國政府佳其講通中德文化之功，曾贈以榮譽獎章。繼福氏柏林大學漢學講座者為海尼士 (E. Haenisch, 1880~) ，曾任武昌陸軍學校教員，通漢滿蒙三種文字，尤深於元史、清史之研究，著有《漢文教授》一書。

衞巴 (Albrecht Friebrich Weber, 1825~1901), 柏林大學教授，與門生共編纂刊行《具柔吠陀》(*Yajur Veda 49~59*), 一八六〇年（咸豐十年）校訂《金剛針論》原文，德譯發表之。其《印度研究》(*Indische Studien*, 15 Bde., 49~78) 等，益於學界者甚大。

皮休耳 (Richard Pischel, 1849~1908), 柏林大學教授，著有《佛陀之生涯與教說》(*Leben und Lehre des Buddha*. Leipzig, 1906) 等，甚博好評。

劉德爾斯 (Heinrich Lüders, 1869~) ，柏林大學教授，普魯士學術翰林院常任理事，研究涉及印度言語學之各分野，最大功績為中亞發現梵語斷片之整理出版，著有《毘耶娑式义》(*Die Vyāsa - Ciksa*, 1895)、《摩訶婆羅多之伽蘭他傳本》(*Übcr die Gratharecension des Mababhārata*, 1901)、《古代印度之賭博》(*Das Würfelspiel im alten Indien*, 1907) 等。

柏林東方語言學校中教員雷興 (Ferdinand Lessing) 對於喇嘛教曾為特殊研究。

來比西 (Leipzig) 大學為德國漢學課程有悠久歷史之學校。甲柏連謝世後，孔好古 (August Conrady, 1864~1925) 繼之。氏以言語學為基礎，博雅老壽，推為薩克遜邦學會會員，著有《中國藝術史上最古之證件》《屈原所著〈天問〉之研究》(*Das älteste D kument zur chinesischen Kunstgeschichte. T'ien wēn, die Himmelsfragen des Küh Yuan*. 1931).

佛蘭克府 (Frankfurt a. M) 大學於一九二四年（民國十三年）設

漢學講座，以衛禮賢 (Richard Wilhelm, 1873~1930) 任教授。氏以傳教士渡華，居青島為譯官，歐戰後任使館譯官，前後留華二十五年之久。一九二三年（民國十二年）並曾授德文於北京大學。一九二四年（民國十三年）以後，任佛蘭克府大學教授，發起中國學院 (China Institut), 講演宣傳，聳動國內。中國政府於衛氏逝世(1930, 民國十九年) 後，特於學院中設衛禮賢紀念講座，以酬其溝通中德文化之功績。氏遂譯漢籍，計有《易經》、四書、《禮記》《老子》《莊子》《呂氏春秋》《列子》《太乙金華宗旨》。譯文精審流暢，可以方英之理雅格 (James Legge)、法之顧賽芬 (Couvreur), 可謂德國漢學研究之最基本工作。有《中國文化史》(*Geschichte der Chineschen Kulter*. Müchen, 1928) 等著，闡揚東方文化，不遺餘力。於中國文學藝術，亦多理解，著有《中國音樂》(*Chinesischen Musik*, 1929) 等。衛氏卒後，中國學院院長由魯雅文 (Erwin Rouselle) 教授繼之。

漢堡殖民地學院，自一九〇九年（宣統元年）設中國語言及文化系，福蘭閣、佛爾克 (Alfred Forke, 1864~) 、顏復禮 (F. Jöger) 先後任教授。佛爾克少福蘭閣四歲，一八九〇年（光緒十六年）以通譯練習生來華，居北京。後為廈門、上海、天津等地領事，一九〇一年（光緒二十七年）為譯官，次任上海總領事，兼北京東方協會上海皇家亞細亞學會書記，博通漢籍，多所撰著。一九〇三年（光緒二十九年）至一九一八年（民國七年）應美人聘，為加里佛尼亞巴庫里大學漢學教授，後歸國授華語於柏林東方語言學校，一九二三年（民國十二年）繼福蘭閣為漢堡教授。氏曾譯《墨子》及王充《論衡》，又曾譯《漢六朝詩選》《唐宋詩選》，而其最精為哲學史之研究，著《中國人之宇宙觀》(*The World-Conception of the Chinese*. London, 1925)、《中國古代哲學史》(*Geschichte der alter Chinesischen Philosophie*. Hamburg, 1927) 等。

哥廷根 (Göttingen) 大學漢學講師有施翰基 (Hans O.H. Stange), 曾譯註《王莽傳》, 併選譯《莊子》多篇。

鄂登堡 (Hermann Oldenberg, 1854~1920), 印度學者，哥廷根大學教授。著有歐洲佛教研究史上劃期之《佛陀》(*Buddha, sein Leben, seine Lehre, seine Cemeinde*, 1881), 又發表《吠陀之宗教》(*Die Religion des Veda*, 1894)、《古代印度哲學》(*Die Literatur des alten Indien*, 1903), 又於《東方聖書》(*Sacred, Books of the East*) 中，翻譯多數古代印度文獻。

伯恩 (Bonn) 大學現任漢學講師有艾維耐 (Werner Eichhorn) 介紹宋代理學家周敦頤、張載之學說，并注意中國社會史人種之研究，譯中國現代劇為德文。

雅各必 (Hermann Jacobi, 1850～1937) 歷任基爾 (Kiel) 伯恩 (Bonn) 加爾各答各大學教授，作印度學諸部門之基礎研究，有印歐比較言語學、印度哲學、佛教、印度史詩、印度天文學之著，最著者為耆印教 (Jainism) 原典之翻譯出版。

蓋卡 (Ludwig Wilhelm Geiger, 1856～) 一八九一年（光緒十七年），任耶爾蘭根 (Erlangen) 大學印歐言語學教授，一九二〇年（民國九年）至一九二四年（民國十一年）[1]之間，任門興 (Müchen) 大學阿利安 (Arian) 言語學教授，屢赴南印研究，著《錫崙之文獻及言語》(*Literatur und Sprache der Singhalesen*, 1900)、《巴利之文獻及言語》(*pāri, Literatur und Sprache*, l916) 等書。

加爾貝 (Richard von Garbe, 1875～1927) 以數論 (Sāmkhya) 學派研究著，杜比根 (Tübingen) 大學教授。著有《數論哲學》(*Die Sán. khya - Philosophie*. Leipz1g, 1894), 為其代表作，研究斯派之最高權威也。

❶ 公元1924年爲民國十三年。——編者註

貝特林 (Otto von Böhtlingh, 1815～1904)，梵文學者，生於彼得保，一八三五年（民國二十四年）[1]至柏林，二十四歲出版《巴尼尼文典》(*Pānini's Grammatik, hrsg., übers., erläut.*, Leipzig, 1887)，梵語學史上之劃期業績也。一八二四年（道光八年）[2]任俄國學士院屬員，返彼得堡，[3]其後出版梵文學名著之原典並發表《重音研究》(*Ein erster Versuch über die Accent*, 1843)，更轉而研究居住西伯利亞土耳其種之雅庫特語 (*Uber die Sprache. der jakuten*. St. Peterburg, 1851)，解明此學界未知之語言。一八五三年（咸豐三年）着手於多年宿望之梵文辭典之編纂，得杜比根 (Tübingen) 大學梵語教授陸德 (Rudolf Roth) 之協力，前後二十年而完成之 (Sanskrit Wörterbuch, 7 Ede., St. Peterburg, 1855～1875). 一八六八年（光緒七年）[4]至耶那 (Jena)，爾後三十五年，居德，晚年患目疾，享年九十。

哈木兒 (Joseph Freiherr von Hammer-Purgstall, 1774~1856) 通曉蒙古史，可與多桑 (D'ohsson) 並肩，一七九六年（嘉慶元年）任外交官，一七九九年（嘉慶四年）至一八〇七年（嘉慶十二年）駐土耳其帝國首都君士坦丁堡，其後居維也納，迻譯出版阿波斯、波斯、土耳其書籍，著《鄂託曼帝國史》(*Geschichte der Osmanischen Reiches*)、《金帳汗國史》(*Geschichte der golde Horde d, i, der Mongolen in Persien*. 1842~1844, Darmstadt)、《哥里米汗國史》(*Geschichte der Chane der Krim*, 1856) 等。

郝鶴榧 (Karl Haushofer, 1860~)，地理學者，軍人，陸軍大學畢

---

❶ 公元1835年爲清道光十五年。據上下文，此處當爲1835年（清道光十五年）。——編者註

❷ 公元1824年爲道光四年，道光八年爲1828年。據上下文看，此處有誤。——編者註

❸ “彼得堡”即上下文中的“彼得保”，同地異名。——編者註

❹ 公元1868年爲同治七年。——編者註

業，陸軍上將，門興 (Müchen) 大學地理學教授。一九二四年（民國十三年）為《地政學雜誌》(*Zeitschrift für Geopolitik*) 主筆，一九三四年（民國二十三年）為德意志翰林院 (Deutsche Akademie) 評議員，權力與世界 (Macht und Erde) 會長，嘗居日年餘，努力於日德親善。著有《大日本》(*Dai Nihon*, 1913)、《日本與日本人》(*Japan und Japaner*, 1923).

授漢學於土耳其之安哥拉大學者有德人愛伯華 (W. Eberhard), 研究中國史前史及天文學，有關於兩漢時代天文學及宇宙觀念之論文多篇。

柏林人種博物館存有哥隆維德 (Albert Grünwedel)、勒苛克 (Le Cog) 等先後四次探險新疆發掘吐魯番、庫車等地所得之古物、壁畫、文書等。哥隆維德 (Albert Grünwedel, 1856~) 著有《中國、土耳其斯坦古代佛教祠堂》(*Altbuddhistische Kult stätten in Chinesische-Turkestan*. Berlin, 1912), 《古庫車》(*Alt-kutscha. Berlin*, 1920) 等。

勒苛克 (Le Cog, 1860~1930) 以考古所得資料，著畫冊《高昌》(*Chotscho*. Berlin, 1913) 及《中亞後期古代佛教藝術》(*Die Buddhistische Spätantike in Mittelasien*, 1922~1925), 亦不朽之盛業也。

哥隆維德及勒考克所得資料，博物館長米勒 (Friedrich Wilhelm Karl Müller, 1863~1930) 主持研究，以實物漢籍互證，闡明十世紀中亞宗教、美術、文化、交通史蹟，使吐魯番學與英法之敦煌學並重於世。氏於伊蘭、土耳其、東方語言學無不貫通，考證摩尼教、景教佚亡經典斷片，並譯中古突厥語《金光明經》《大白傘蓋陀羅尼方廣大莊嚴經普門品》《尊勝陀羅尼》為德文，聲譽甚著。

氏卒後，繼任博物館長者，為曲梅路 (Otto Kümmel, 1874~) ，以研究東方美術著，一九二〇年（民國九年）至一九二七年（民國十六年）曾經美國、日本，來華蒐集資料，主編《東亞雜誌》(*Ostasiatische*

Zeisichrift), 於闡揚中國美術，頗著功績。有《東亞藝術》(*Die Kunst Ostasien*, 1920)、日本之美術工藝 (*Die Kunstgewerbe in Japan*, 1919) 等書。

郝爾 (F. Hauer, 1878～1936) 曾全譯清朝開國方略。葛老氏 (F.E.A. Krause, 1878~) 著《成吉斯汗傳》(*Cingis Han*, 1922)、《東亞通史》(*Geschichte Ostasiens*, 1925) 等書。

柴克 (E. Zach) 譯陸機文選及李白杜甫韓愈等詩文，古典造詣，度越時流云。

孔舫之 (Franz Kuhn, 1889~)，以譯中國小說為業。譯有《紅樓夢》《水滸傳》等若干種，惟多刪節，不足以云文學之學術介紹矣。

維也納大學有羅安圖 (Arthur Elder von Rosthorn, 1862～) 教授者，亦以漢學名。曾任奧國駐華公使，關于中國古籍批判之研究頗多。有《中國史》(*Geschichte Chinas*. Stuttgart-Gotha, 1913. Vol 10 of Weltgeschichte in gemainverstandlicher Darstellung, edited by L.M. Hartmann)、《中國勢力擴張史》(*Die Ausbreitung Darstellung der Chinesischen Macht*, in südwestli her Richtung bis zum vierten Jahrhundert nach Chr. Prague, 1895) 等書，為奧地利之第一漢學者。

衞特尼斯 (Moriz Winternitz, 1863~1937), 奧地利之印度學者。一八九五年（光緒二十年）任牛津印度學研究室司書，親炙印度文獻，一九一一年（宣統三年）任海牙 (Prague) 德意志大學教授，講印度學、言語學、人類學，一九二二年（民國十一年）至一九二三年（民國十二年）渡印，開講筵於太戈爾 (Rabindranath Tagore) 經營之國際大學，為客員教授，著有《印度文學史》(*Geschichte der Indischen Literatur*, 1909~1920) 等書。

柏林普魯士國立圖書館藏中文書籍之多，僅次於巴黎國民圖書館，自二十年前，繼續收集，迄未間斷。如宋槧蜀大字本、李鼎祚《周易集解》，本清內府書，亦流落於此；漢文部長侯來 (Hulle)，協助學人研究，能舉其職。柏林大學中設有漢學研究圖書館。東方語言學校、人種博物館亦藏有漢籍。來比西大學有葛魯貝文庫，保存此名漢學者之珍貴遺書，並續有所收集。慕尼克有內曼之遺書。此外哥廷根、伯恩 (Bonn)、哈雷 (Halle) 等大學，亦藏有漢籍。

德國出版遠東研究刊物，有來比西之《東方文學月刊》(*Orientalische Literatur Zeitung*)，有《東亞雜誌》(*Ostasiatische Zeisichrift*)，出版已二十餘年，由曲梅路主編，側重東亞藝術研究。又《全亞季刊》(*Asia Major*) 創刊於一九二四年（民國十二年）[1]，為研究中國之重要刊物，年出一卷，凡四册，發行者為全亞季刊發行所 (Verlag Asia Major)。編輯者為孔好古弟子辛得勤 (Bruno Schindler) 及韋來 (Friedrich Weller) 二氏。撰稿者不限德人，於漢學推進，貢獻甚偉，惜於一九三五年（民國二十四年）廢判。佛蘭克府中國學院之漢學雜誌 (Sinica)，一九二五年（民國十四年）由衛禮賢創刊，初為年刊，次數無定，自一九二八年（民國十七年）起每年發行一卷，卷為六册，為德國漢學刊物後起之秀。柏林《東方語學刊》(*Mitteilungen des Seminars für Orientalische Sprachen an der Friedrich-Wilhelms-Universität*) 出版已四十年，時有漢學論文。北京輔仁大學出版之《華裔學誌》(*Monumenta Serica*) 年刊兩册，為德人鮑潤生 (X. Biallas) 及雷冕 (R. Kahmaun)、謝禮士 (E. Schierlitz) 等所主持，中德學會刊有《中德學誌》，為德人福克司 (Walter Fuchs)、福吾康 (Wolfgang Franke) 所主持，亦可附於德國刊物焉。

4. 英吉利

海德 (Thomas Hyde) 之後，治中國語文者，仍極罕見。一七九二年（乾隆五十七年）馬戛爾尼 (Macartney, 1737~1809) 奉命聘華，求

[1] 公元1924年爲民國十三年。——編者註

譯才而不可得。乃由意大利那坡里之中華書院，得華人解拉丁意大利語者二，重譯將事（事詳劉復譯《乾隆英使覲見記》，民國五年，中華版）。副使之子有名司當東 (George Leonard Staunton, 1737~1801) 者，年十二，從軺來遊，熱心研究，遂通華語文，今故宮藏有彼為馬戛爾尼手繕之國書，雖語滯字劣，而意皆可辨，韶齡得此，殊為難能。一八一六年（嘉慶二十一年）復從英使羅爾美都 (Lord Amherst) 入北京為譯員。後供職東印度公司。一八二三年（道光三年）與高普洛克 (Colebrooke) 協力發起皇家亞細亞學會，寄贈漢籍三千册。氏於一八一〇年（嘉慶十五年）譯《大清律例》，傳佈歐洲，為英國外交官治中國學之開山。

同時有倫敦會教士馬禮遜 (Robert Morrison, 1782~1834)，從倫敦華僑粵人楊善達習華語，一八一七年（嘉慶十二年）以佈教經美至黄州。交司當東，殫精中國語文，曾為洪秀全譯新舊約為漢文，創英華書院於澳門，一八二四年（道光四年）歸國。一八二八年（道光六年）[1]再來華，從事譯著，得東印度公司資助，成《英華字典》六册，其譯經及字典，後此教士皆奉為圭臬。助馬禮遜其譯聖書者有米憐 (William Milne, 1785~1822)，亦耶穌會士，曾任英華學堂校長，一八一七年（嘉慶二十二年）譯《聖諭廣訓》為英文。又有教士馬斯哈曼 (Johna Marshman, 1766~1837) 佈教於印度，而習華文，著《中國文典》，譯述《大學與論語》之一部。

印度之科學研究，始於十八世紀末，因初代印度總督黑斯丁 (Warren Hatings, 1732~1818) 之慫慂，着手於印度古代語言文化之研究，有約翰 (William Jones)、高普洛克 (H.T. Colebrooke)、威爾遜 (H.H. Wilson) 等。約翰 (Wi-lliam Jones, 1746~1794) 為英人之最初研究梵

[1] 公元1828年爲道光八年。——编者注

文者，探討梵文與拉丁文、希臘文之類似點，翻譯多數吠陀文學，一七八九年（乾隆五十四年）英譯加力達沙 (kalidāsa) 之戲曲《釋困拉達 (Sakuntalā) 姬》，出版之。一七九二年（乾隆五十七年）更附印梵語原文，為介紹梵文文學價值於歐洲之始，一七八三年（乾隆四十八年）創設孟加拉亞細亞協會 (Asiatic Society of Bengal)。

繼其業者，為高普洛克 (H.T. Colebrooke, 1765~1837) 為科學之梵文言語學，建鞏固基礎，著有《梵語文法》(*Sanscrit grammer*, 1805),《論文集》(*Miscellaneour essays*, 1873) 等。

威爾遜 (H.H. Wilson, 1786~1860) 為一八三三年（道光十三年）牛津大學最初之梵語教授，著有《梵語文法》(*Dictionary in sanscrit*, 1819)、《克什米爾史》(*History of Cashmēre*, 1825)、《一八〇五年（嘉慶十年）至一八三五年（道光十五年）之英領印度史》(*History of British India from 1805~1835*, 1844~1848) 等，並翻譯古代梵語戲曲。

一八四二年（道光二十二年），英人由《南京條約》據香港，開五口通商，又八年(1850) 由《天津條約》得設使館於北京，並自由佈教於內地，一八五九年（咸豐九年）由《北京條約》割九龍，天津開港。自是外交官、教士星羅棋布於各地，中國研究之範圍既擴大，內容亦日趨充實。迄十九世紀末，牛津、劍橋、倫敦等大學，先後設中國語文講座，聘教士、外交官之歸國者為教授，而要其學風，重概念，尚實用，多從事於政治、地理、商業、語言之研究，與法德空氣略異。

牛津大學自一八七六年（光緒二年）始設中國語文講座，理雅格 (James Legge, 1815~1897) 為首任教授，氏卒業於阿伯敦 (Aberdeen) 大學，復學於哈巴瑞神學校，擅拉丁文。一八三七年（道光十五年）[1] 至一八三八年（道光十八年）始習華語文於大英博物館之圖書館，一

[1] 公元1837年爲道光十七年。——编者注

八三九年（道光十九年）為倫敦會傳教師，至澳門，年二十八，曾任澳門英華書院院長，後移於香港。一八五六年（咸豐六年）洪仁玕曾從之領洗，即其後參與太平天國革命，封為干王者，一八七三年（同治十二年）始漫遊華北歸國，留華三十餘戴，任牛津教職逾二十年，卒年八十二。氏之主要貢獻為中國古典之英譯，其譯書目的為欲理解中國文化，屏除曲解主觀，減少宗教附會，譯本皆附註譯序論。長洲名士王韜，實助成其業（韜號弢園，別署天南遯叟，能詩工駢文，曾創刊香港《循環日報》），計先後譯有《論語》《大學》《中庸》《孟子》《書經》《詩經》《春秋左傳》，均刊於香港，及歸國又譯《易經》《禮記》《孝經》《道德經》，入繆納 (Max Müller) 编《東方聖典》(*The Sacred Books of the East*) 中，晚年神明不衰，刊法顯《佛國記》(*A Record of Buddhistiekingdoms*, 1886)、《秦始皇帝》(*Ch'in Shih Hwang Ti*, Le Lotus. Ⅵ~Ⅷ, 1887~1888)、《大秦景教流行中國碑研究》(*The Nestorian Monument of Hsi-an Fu*, 1888)，其逝世之前二年(1895，光緒二十一年) 且刊《離騷》英譯，可謂精力絕人矣。氏與法之顧賽芬 (Couvreur) 德之衞禮賢並稱為漢籍歐譯三大師，亦英國漢學界之鳩摩羅什、玄奘也。

繼氏教授於牛津者為蘇熙洵 (Soothill)，本循道會教士，一八七八年（光緒四年）開教温州。一九〇六年（光緒三十二年）轉任山西大學校長，輔助李提摩太 (Jimathy Richard) 之義賑傳教事業，聲譽甚著。一九一〇年（宣統二年）山西大學移歸華人，氏乃歸國，任職牛津，著有《中國之三教》(*The Three Religions of China*. London, 1913) 等書，一九三四年（道光十四年）[1]卒，年七十餘。

牛津復有中國哲學宗教講師名休中誠 (E.R. Hughes) 者，留華二十餘年，為牧師，久居福建，喜胡適、馮友蘭之書，有《紀元前三四

[1] 公元1934年爲民國二十三年。——編者註

世紀中國之理想派及現實派》(*Political Idealists and Realists of China of the Fourth and Third Centuries B.C.*J.N.C.B.R.A.S. 1932. Vols 63. pp. 46~64) 等著。

繆納 (Max Müller, 1823~1900) 本德人，為當時第一流之梵語學者，一八四七年（道光二十七年）渡英，受東印度公司之託，完成《梨俱吠陀》全集之公刊。一八五〇年（道光三十年）以後，為牛津大學副教授，旋任教授，七五年（光緒元年）以來，從事於東方宗教書一大集成之《東方聖典》(The *Sacred books of the East*, 49 Vols) 之編輯而完成之。於比較言語學方面，論証印度語系與歐羅巴語系之同祖。著有《古代梵語文學史》(*History of ancient sanscrit literature*, 1859) 等。

斯密斯 (Vincent Arthur Smith, 1848~1923 頃) 印度學學者，講印度史於牛津大學，一八七一年（同治十年）奉職印度政廳，益深研印度史，著《阿育王傳》(*Asoka The Buddhist Emperor of India*. Oxf, 1901.3rd ed. 1920),《學生印度史》(*The Oxford studont's history of India*. 1858, 6th ed, 1916), 《印度史》(*Oxford history of India*, 2nd ed., 1921).

馬克多內兒 (Arthur Anthony Macdonell, 1854~1931), 牛津大學梵語教授，著有《梵英字典》(*A Sanskrit-English Dictionary*. London, 1893), 《梵語文學史》(*A History of Sanskrit Literature*. London, 1900 2nd ed. 1925), 《梵語文法初步》(*A Sanskrit Grammar for Beginners*. London, 1911) 等。

劍橋大學之漢學講座，後牛津十二年(1888, 光緒十四年) 而創設，威妥瑪 (Thomas Francis Wade, 1818~1895) 為首任教授。氏少理雅格三歲，理以傳教成名，威則以外交起家。一八三七年（道光十六年）[1]從遠東派遣軍東來，參加鴉片戰爭，補書記官，為上海副領事，一

[1] 公元1837年爲道光十七年。——編者註

八七一年（同治十年）至一八八三年（光緒九年）為駐華公使，結《芝罘條約》，歸英後任劍橋講座，有華語入門書數種，創威妥瑪式拚音法 (Wade System)，為歐拚漢字最流行之方式。

威卒後越年(1897)，翟理斯 (Allen Herbert Giles, 1840~1934) 來繼其任。氏生於博雅好古之家庭，少治古典。一八六七年（同治六年）年二十二，為駐華領事館學習譯員，嗣任汕頭、廈門、寧波、上海等地副領事領事，一八九三年（光緒十九年）辭職。越四年而設壇劍橋。一九二四年（民國十三年）牛津贈以名譽法學博士，並選為法國學士院會員。氏著有《中國文學史》(*A history of Chinese literature*. London, 1911. 參看鄭振鐸:《評 Giles 的中國文學史》，見《中國文學論集》中)、《中國古代宗教》(*Religions of Ancient China. Religions, Ancient and Modern Series*. London & Shanghai, 1905)、《中國通史》(*An Introduction to the history of Chinese Pictorial Art*. London, 1918)、《中國人名辭典》(*A Chinese Biographical Dictionary*. London and Shanghai, 1898)、《中國文化》(*The Civilization of China*. Home University Library. London, 1911)、《中國與中國人》(*China. and the Chinese*. New York, 1902). 此外介紹中國國情之通俗撰著甚多，曾譯《千字文》《莊子》《老子》，而其平生精力所萃為《英華字典》(*A Chinese English Dictionary*, 1892~1912)，晚年猶從事於三度修訂，主講壇約三十年，年八十九而卒。博洽老壽，侔於理雅格，而聲譽之隆過之。其子翟林奈 (Lionel Giles, 1875~) 能世其學，供職大英博物館，遂譯解《老子》《列子》《莊子》《孫子》等書。

繼翟氏漢學講座者為莫爾 (Moule)，曾遊學中國，著《元代基督教史》(*Christians in China before the year 1550*. London, 1930)，並曾與伯希和共譯釋馬可波羅書，不失為篤實學者。

考耶爾 (Edward Byles Cowell, 1827~1903)，劍橋大學梵語教

授，研究印哲學戲曲，努力於梵書蒐集，一八八八年（光緒十四年）出版《佛教因緣談叢書》(*Diyva Vadāna*), 收經典四十餘。

拉布孫 (Edward James Rapson, 1861~) ，劍橋大學教授，印度古代史古錢學之大家，著有《印度貨幣》(*Indian Coins*, 1898)、《古代印度》(*Ancient India*, 1914), 編輯公刊《劍橋印度史》卷一《古代印度》(*Cambridge History of India*, vol. 1. *Ancient India*, 1922).

倫敦大學有漢譯新舊約之馬禮遜教士之漢籍遺書，附設東方語言學校中並有華語。其漢學教授畢爾 (Samuel Beal, 1825~1889) 於一八七七年（光緒三年）就任。氏為英國駐華艦隊牧師，一八五二年（咸豐二年）東來，習華語，著有《法顯傳及宋景傳》(*Travels of Fa Hian and Sung Yun, Budhist Pilgrims, from China to India*, 1869)、《佛教經典之連鎖》(*Catena of Buddhist Scriptures*, 1872)、《佛陀奇異傳說》(*Romantic Legends of Buddha*, 1875)、《中國佛教》(*Buddhism in China*, 1881)、《慈思傳》(*The Life of Huen Tsiang*, 1888), 譯《大唐西域記》(*Si-Yu-Ki, Buddhist Records of Western World*. 2 Vols. 1884)、《最古佛典四十二章經》(*The Sûtra in 42 Sections*, J. roy. As. Soc. 1862), 開中國佛教文獻學研究之先河。

清遜帝英語教師莊士敦 (R.F. Johnston) 歸國後亦授華語於此。有關於佛教、喇嘛教、景教之論文並曾發見房山縣三盆山十字寺景教碑石，著《紫禁城之黃昏》(*Twilight in the Forbidden City*) 等書。

李斯德威 (Rhys Davids, 1843~) ，二十三歲赴錫蘭，居十年，歸英，開巴利語及佛教文學講座於倫敦大學，旋兼王立亞細亞協會書記，一八八二年（光緒八年）創巴利聖典會 (Pári Lext Society) 於倫敦，出版《巴利三藏》，發行會報。氏所著《佛教》(*Buddhism*. London, 1878) 為淺近正確之參考書，一八八一年（光緒七年）之《自佛教史數點說明宗教之起源及發達》(*Lecturs on the origin and growth of Re-*

ligion, as illustrated by some Points in the history of Indian Buddhism) 為充分利用巴利資料之大講演，所著《佛教印度》(*Buddhist India*, 1903) 雖為通俗書，然學術上價值甚大，精選資料，罕見其匹。

曼徹斯特 (Manchester) 大學教授有巴克爾 (E.H. Parker) 曾任駐華領事，著有《中國古代史略》(*Ancient China Simplified*. London, 1908)、《韃靼千年史》(*A Thousand Years of the Tartars*. London, 1924, 有向達、黃靜淵譯本，民國二十六年，商務版) 等書，氏研究範圍頗廣，其書亦盛行於英語讀者，惟學術價值甚微。

顧令 (Samuel Couling, 1859~1923) 曾任山西大學校長，王立亞細亞協會華北支部名譽書記，著《中國百科辭典》(*The Encyclopaedia Sinica*. Shanghai, 1917), 有來華宣教師中國學者等項目，並有漢字，實其特色。

大學以外之中國學者，亦大率出於外交官與教士。香港總督倫敦人戴維斯 (J.E. Davis, 1795~1890), 略與威妥瑪同時，初以東印度公司書記為貿易監督官，著《中國概覽》(*The Chinese, A General Description of the Empire of China and its Inhabiants*. London, 1836), 普遍介紹中國國情，譯為法德意荷等文，風行一時，又曾譯元雜劇《漢宮秋》(*Hang-Koong tsew or the sorrows of Han*, 1829) 等，蓋達宦中之學人。

何其孫 (Brian Houghton Hodgson, 1800~1894) 十八歲入東印度公司，二年後赴波斯，旋任尼泊爾副公使、公使。一八四八年（道光二十八年）退隱，為外交官，為學者，為文士，集尊敬於一身，九十四歲故。居尼泊爾者二十餘年，開佛教研究之新生面，一八二六年（道光六年）發表《尼泊爾及西藏之國語、文學、宗教撮記》(*Notices of the Language and Religion of Nepal and Tibet*) 於《亞細亞研究》第四卷，引起大反響於歐洲學界，所蒐集梵語聖典，凡三百八十一部，分贈印歐學術機關及學者。

包爾 (J.D. Ball, 1847~1919), 植民政治家、中國語學者，任職香港政廳，從事於中國研究，著《中國人民風土事物記》，為中國風土人民事務之小百科辭典，逐項有詳細解說。包爾死後，王那 (E.C. Werner) 增補之 (*Things Chinese, or, Notes connected with China*. 5 ed., Hongkong, 1926).

奧爾克庫 (R. Alcock, 1809~1897) 外交官，生於倫敦，一八四四年（道光二十四年）渡華，歷任福州、上海、廣東各地領事，一八五八年（咸豐八年），為首任駐日公使渡日，一八六五年（同治四年）任駐華公使，一八七一年（光緒十年）辭職，著有《大君之首都》(*The Capital of the Tycoon: a Narrative of a Three Years' Residence in Japan*. 2 vols. London, 1863).

倫敦會教士衛烈亞力 (Alexander Wylie, 1815 ~ 1889) 尤稱碩學，與理雅格為雙璧。氏以獨學習華語，一八四七年(道光二十七年)至上海，年三十二，為倫敦會印刷所監督。一八六〇年（咸豐十年）《北京條約》成，得旅行內地之許可，受大英聖書公會囑，踏查十七省，洞悉幽隱，搜羅文献，熱心研究，並習俄滿藏梵語，左右探獲，留華三十年，一八七七年（光緒三年）始歸國，核博為十九世紀英人第一。氏以敏學，晚年失明。著《漢籍解顯》(*Notes on Chinese literature*, 1857)、《前漢書・西域傳註釋》(*Notes on the Western regious. transl. from the Tsëen Han Shoo*.J. anthrop. instit, 1880). 氏所蒐羅之典藉，為上海皇家亞細亞學會華北分會圖書館之基礎。

於英法聯軍陷廣東之年(1857, 咸豐七年) 至香港者有斐利蒲 (Philips), 能華語為通譯，歷充副領事、領事，輾轉任職於華南，以明馬歡之瀛涯勝覽為中心，研究福建貿易港之沿革，刊論文於《亞洲學報》及《通報》, 能綜合史料，裨補南海交通史之闕略。

與氏相對照，以研究中國西北邊疆史著者為里斯本人霍渥斯

(H.H. Howorth, 1842～1926), 氏赴任印度有功，為皇家考古學會總裁，著述甚多，而《蒙古史》(*History of Mongols from the 9th to 19th Century*. London, 1876～1928), 全四卷，流行尤廣，第四卷刊於《易蕢》後，一卷為蒙古本部部族史，二、三卷為欽察汗國史，四卷為伊兒汗國史，末附補遺及索引。

愛爾蘭人瓦達斯 (Thomas Watters, 1840~1901) 與霍渥斯年事相若，同治初(1862) 來華，任譯官領事，並曾于役朝鮮。一八九五年（光緒二十一年）隱退歸國，活躍於倫敦皇家亞細亞學會，著《老子——中國哲學之一研究》(*Lao-Tzü, a Study in Chinese Philosophy*, 1870)、《孔子廟碑》(*A Guide to the Tablets in a Temple of Confucius. Shanghai*, 1879), 而《大唐西域記考釋》(*On Yuan chwang's travels in India*, 1904) 恢宏前輩畢爾 (Beal) 之業，用力甚勤，至今為治此學者所稱道。

甘為霖 (W. Campbell, 1841~) ，清教派長老教會宣教師，一八七一年（同治十年）至台南，為台灣史研究家，著《荷蘭人統治下之台灣》(*Formosa under the Dutch*. London, 1930), 為荷蘭治下台灣史之根本資料，卷末附多數參考文獻。

薩託 (Sir Earnest Mason Satow, 1843~1929), 外交官，一八六二年（同治元年）留學日本，一八九五年（光緒二十一年）任駐日公使，一九〇〇年（光緒二十六年）任駐華公使，一九〇六年（光緒三十二年）去職，有《在日本之一外交官》(*A Diplomat in Japan*) 等。

復有亨利裕爾 (Henry Yule, 1820~1889) 者，蘇格蘭人，曾從軍印度，旅行各地，著有《東域紀程錄叢》(*Cathay the Way Thither*, 1913~1916), 法人考狄為之補訂，為研究中西交通史之權威。並曾校譯《馬可波羅東方遊記》(*The Book of Ser Marco Polo, the Venetian Newly translated and edited. with Notes*. London, 2 Vols, 1871), 稱為善本。然皆據西籍以考中國關係事實，未履漢土，不能直讀漢籍以相印證。關

於印度及其附近，著有《辭典》(H. Yule & A.C. Burnell, *Hobson-Jobson. 2* ed., London, 1903), 收載多數日常會話之單語單句及語言、歷史、地理諸字，以英語翻譯解說之。

拉克伯里 (Albert Terrien de Lacoupérie, 1845~1895), 法國之東方學者，後入英國籍，於倫敦深受亨利裕爾 (H. Yule) 之影響，著有《中國古代文化西方起源論》(*Western Origin of the Early Chinese Civilization from 2300 B.C. to 200 A D*. London, 1894), 比較中國古代文化與巴比倫文化，謂中國古代文化淵源於西亞，漢族自此移住者也。一時轟動學界，其結論今雖已成過去，但於東西文化交流上，予以甚多示唆，功不可泯也。

至如西藏之研究調查者柏爾 (Charles Alfred Bell, 1870~) ，著《西藏人民生活》(*The People of Tibet*. Oxford, 1928)、《西藏之過去與現在》(*Tibet*: *past and Present*. Oxford, 1924) 等書，則全據十餘年之直接見聞，蓋氏曾於一九一三年（民國二年）至一九一四年（民國三年）出席中英藏會議，締交達賴，深通藏語，久居拉薩，所記詳密正確，轉非漢籍中所可見矣。

斯坦因 (Mark Aurel Stein, 1862~) 生於匈牙利布達佩斯 (Budapest), 仕於印度政府，自一九〇〇年（光緒二十六年）至一九三四年（民國十九年）[1]由印度政府派遣探險新疆、甘肅等地，前後四次，得兩漢魏晉人木簡、壁畫、雕塑品、佛經等，先伯希和發見敦煌古籍，携精品二十餘箱以去，所得分存於大英博物館及德梨 (Delhi) 之印度博物館。著有《古和闐》(*Ancient Khotan*. 2vols. 1907)、《近印度》(*Serindia*. 5vols. 1921)、《契丹之荒墟》(*Ruins of Desert Cathay*. 2vols. 1912)、《亞洲極中部》(*Innermost Asia*. 4vols. 1928) 等書（向達譯《斯坦因西域考

[1] 公元1934年爲民國二十三年。——編者註

古記》為《探險之總合通俗報告》，二十五年，中華書局出版）。英人以其有功學術，賜爵為貴族，推為考古學會評議員。

供職博物館之職員有道格拉斯 (Robert Douglas, 1838～1913) 者，曾任職英國駐華公使館，歸國典守博物館珍貴漢籍，參與亞細亞學會會務，著有《成吉斯汗傳》(*The Life of Jenghiz-Khan*, 1877)、《歐洲與遠東》(*Europe and the Far East*, 1904.2nd ed. 1913) 等書。

翟林奈 (Lionle Giles, 1895~) 承名父之學，現主持博物館東方部漢籍科寫本股，氏曾遊學比奧俄大學，負笈牛津，助其父撰《大英百科全書》中關於中國語文者，又以博物館命，編《欽定古今圖書集成索引》，於一九一一年（宣統三年）出版。並有關於老子、孔子、孫子、戰術、道教、教養之論著，校釋韋莊《秦婦吟》(有張陰麟譯本，見《燕京學報》一卷一期)，淵雅可觀。

以鑑賞蒐集美術著者，為巴沙爾 (S.W. Bushell, 1844~1908)，一八六八年（同治七年）曾任駐華使館醫官，留三十年，喜古泉、金石、磁器，著有《中國美術》(*Chinese Art*. London, 1910. 有戴嶽漢譯本，商務版) 、《譯陶說》(*Description of Chinese pottery and porcelain, being a translation of T'ao-Shuo*, 1910) 等書。

與氏同時之外交官有霍布金 (L.C. Hopkins, 1854~) 一八七四年（同治十三年）來華，任上海、芝罘、天津等地領事，曾考訂殷墟甲骨文字，研究古泉，刊於《亞洲會報》，為歐人此種論著之最早者。

比年以研究東方書名，多所撰著者為賓容 (Robert Laurence Binyon, 1869~)，氏學於牛津，自一八九三年（光緒十九年）供職大英博物館，一九〇〇年（光緒二十六年）任東方繪書部長，一九二九年（民國十八年）秋曾在日本東京帝國大學講演，著有《遠東之書》(*Painting in Far East*. London, 1908),《英國蒐儲之中國畫》(*Chinese Paintings in English Collections*. Paris, 1927) 等書。

加寧嘎母 (Alexander Cunningham, 1814~1893), 印度考古學調查之開始者，一八四七年（道光二十七年）任拉達克西藏 (Ladakh Tibet) 邊境委員會長，調查迦濕彌羅地方之建築，一八五一年（咸豐元年）調查發掘山柒 (Sānchi)、必爾沙 (Bhilsa) 諸佛蹟，其成果收於《必爾沙之諸佛塔》(*The Bhilsa Topes*, 1854), 一八六一年（咸豐十一年）至一八六五年（同治四年）任印度政府考古調查官，出版《印度考古調查報告》(*Achaeolosical Survey of India*) 第一二卷，一八七一年（同治十年）任印度考古調查局長官，執掌於印度古遺蹟、古遺物之調查發掘保存者十五年，其間著《印度古代地理》(*Ancient Geography of India*, 1871), 發掘報告有《巴爾哈特之佛塔》(*The Buddhist Stupa of Bharhut*, 1879)、《大菩薩》(*The Mahabodhi*, 1892). 一八八五年（光緒十一年）返英，埋頭著作，多關於古泉學，《古代印度貨幣》(*Coins of Ancient India*, 1891)、《中世印度貨幣》(*Coins of Mediaeval India*, 1893) 等，於印度考古學開拓樹立科學的調查研究，功績甚大。

巴加斯 (James Burgess, 1832~1916) 一八五六年（咸豐六年）赴印，調查西印地方諸窟院、諸建築，一八七二年（同治十一年）創刊《印度考古學者》(*Indian Antiquary*), 為印度史考古學之研究探查學術的發表機關。一八七四年（同治十三年）受命為西印考古調查官，一八八一年（光緒七年）任西印南印考古調查官，著《西印之考古學調查》(*Archaelogical Svrey of Western India*. 5vols 1874~1883), 一八八六年（光緒十二年）任印度考古調查局長官，統轄全印之調查發掘保存事業。創刊《印度碑銘》(*Epigraphia Indica*), 為碑銘之調查研究報告機關。一八八九年（光緒十五年）辭職歸國。

福利德 (John Faithful Fleet, 1847~1917) 一八六五年（同治四年）入印度政廳，旋入孟買，著手於印度碑文之研究。一八八三年（光緒九年）任職政府古文書股。一八八八年（光緒十四年）發表《初期笈多王及其後繼者之碑銘》(*Inscriptions of the early Cupta Kings and their Successors Corpus Inscriptionum Indicarum*, Vol. 3, Calcutta), 決定笈多王朝之劃期。

古利阿孫 (Sir George Abraham Grierson, 1851~) 一八七一年（同治十年）赴印度文官任，一八九八年（光緒二十四年）任印度言語研究會長 (Superintendent of The Linguistic Survey of India), 一九〇三年（光緒二十九年）返英。精通印度人之生活，關於印度言語之著述甚多，有《印度言語研究》(*Linguistic Survey of India*, l903 ff)、《印度之諸言語》(*The Languages of India*, 1904) 等。

澳洲人沙特拉 (Arthur Lindsay Sadler, 1882) 畢業於牛津大學，擅語學天才，曾充日本學習院、廣島高等師範學較講師，譯註《平家物語》(*The Heike Monogatari*, 1918~1921), 著《茶之湯》(*Cha-no-yu*, *The Tea Philosophy of Japan*, 1934)、《日本戲劇：狂言歌舞伎》(*Japanese Plays: on Kyogen*, *Kabuki*, 1934).

倫敦大英博物館多收古物古籍，東方部藏書逾五萬册，所藏敦煌寫本，與巴黎國民圖書舘所有並稱，所謂人間逸書，天壤瓌寶也。英人關於中國美術工藝品之蒐集研究，極為努力，公私庋藏，頗多珍品，如相傳為現存最古之中國名畫，晉顧愷之《女史箴圖》，即經宋徽宗宣和御苑淸內府，以歸於大英博物館，尤茂蒲羅斯 (Geoge Eumorfopos) 以蒐集中國美術，稱於世界。

英國刊行關係東方研究之定期刊物，重要者凡三：(1)《大英皇家亞洲學會會報》(*Journal of the Royal Asiatic Society of Great Britian and Ireland*), 此為一八二三年（道光三年）在倫敦成立之英國皇家亞細亞學會 (Royal Asiatic Society) 總會機關誌，一八三四年（道光十四年）七月創刊，迄今已逾百年。對於印度學、埃及學、西亞學皆有重要貢獻，而探討中國研究西藏之論文，亦數見不鮮，有羅志意 (W.

Rockhill)、莫爾 (Moule)、高本漢 (B. Karlgren)、斐莫兒 (B. Farmer) 諸人之作。該報初年刊四次，自一八三四年（道光十四年）七月至一八三五年（道光十五年）四月止之第一卷起，至一八六三年（同治二年）至一八六四年（同治三年）之第二十卷止為初集 (First Series), 於一八六五年（同治四年）又改為一年一卷制，並自此年起稱為新集 (New Series) 之第一卷，洎一八八九年（光緒十五年），刊至二十一卷。一八九〇年（光緒十六年）廢號卷名稱，改為何年何月號，每季由皇家亞洲學會編行。(2)《皇家亞洲學會華北分會會報》(*Journal of the North-China Branch of the Royal Asiatic Society*), 此誌刊載研究漢學之論文講稿雜俎等，創刊於一八五八年（咸豐八年），至一八六〇年（咸豐十年）刊行兩卷，稱為初集，自一八六四年（同治三年）起，續刊新集，年出一卷，由上海皇家亞洲學會中國分會刊行。該會於公共租界博物院路有附設之博物館及圖書館，藏書萬冊，擁會員六百人，為英國遠東研究之中心織。(3)《東方學院學報》(*Bulletn of the School of Oriental Studies*) 創刊於一九一七年（民國六年）編輯及發行者為英國倫敦大學東方學院，論文以英文為主。

5. **俄羅斯**

俄羅斯自一六八五年（康熙二十八年）[1]《尼布楚條約》成立卽與中國有正式國交。一七一六年（康熙五十五年），俄教士首次來華，於是北京有俄羅斯館，清廷並於國子監附設俄羅斯學，以便俄人來京子弟讀書，內閣理藩院亦設俄羅斯學，以便八旗子弟習俄文，其傳佈希臘正教之傳道團，率十年更迭一次。自雍正初(1723) 放逐西洋耶穌教士後，俄人在西人中，獨擁研究中國之便利。惟以教士之庸惰，其漢學研究之成績以視耶穌會士，於質於量，大有遜色。留華教士外交官

[1] 公元1685年爲康熙二十四年。——編者註

以漢學名者，有以下諸氏：

夏眞特 (Hyacinthe, 1770～1853) 生於教士家，少修學於喀山 (Kazan) 修道院。一八〇七年（嘉慶十三年）[1]選為第七屆赴華傳道團長，次年抵北京，習漢文甚勤，搜羅研究資料，以交遊猥雜，怠於教務，一八二六年（道光六年）被控歸國。次年任外交部亞洲司譯官，乃從容整理其研究資料。曾譯《前漢書》及中國史料多種為俄文出版，又譯有《蒙古最初四汗史》(*History of the first four Khans of Mongolian empire*)，蓋卽元史中之太祖、太宗、定宗、憲宗四本紀也。

與氏同時有德人史密德 (Isaac Jacob Schmidt, 1779~1847) 任俄學士院會員，習蒙語，一八三一年（道光十一年）以德文著《蒙古語文典》(*Grammatic der Mongolischen Sprache*. St. Petersburg, 1831)，一八三五年（道光十五年）成《蒙德俄辭典》(*Mongolische - Deutsch - Russisches Worterbuch, nesbst einem deutschen und einen russischen Wortregister*. St. Petersburg, 1835)，並註譯《蒙古源流》，所據原文視漢譯底本為佳，識脫亦少，蒙德文合璧，尤便對照，為治史者所重。氏終老俄國，故可視為準俄人也。

薩哈陸夫 (Iwan Ilijic Zaxarow, 1814~1885) 一八三九年（道光十九年）至一八五〇年（道光三十年）留北京傳道團，一八七九年（光緒五年）任聖彼得堡大學正教授，講滿洲語，著《滿俄大辭典》(*Polnyj manjczur sko - russkij Solowarj*. St. Petersburg, 1875)、《滿洲語文典》(*Grammatika manjczurskogo yazyka*. St. Petersburg, 1879)，至今為此方面之權威著作。

後雅撒特三十三年，於中英鴉片戰爭中，隨俄國第十二屆傳道團至北京，其後以漢學名者，為帕雷底阿斯 (Palladius, 1817~1878). 其

[1] 公元1807年爲嘉慶十二年。——編者註

父為教士，學於喀山 (Kazan) 修道院，一八一〇年（道光十二年）來華[1]，年二十三，留六年歸國。一八四八年（道光二十八年）率十三屆傳道團再蒞華，一八五九年（咸豐九年）歸國。一八六五年（同治四年）率十五屆傳道團三次東來，遊烏蘇里江流域，從事人種及考古學之研究。一八七八年（光緒四年）因病歸國，卒於馬賽 (Marsei1les) 途中。氏曾譯《元朝秘史》《長春眞人西遊記》《皇元聖武親征錄》《清聖武記》、張德輝《塞北紀行》等書，又註譯《馬可波羅北遊記》，介紹中土歷史文獻於歐人，為俄人治中國宗教史之先導。其《中俄大辭典》於氏卒後一八八八年（光緒十四年）由福拉必安 (Flavian) 神父為之印行，收漢字一萬一千八百餘，並附各科專門名詞，為溝通中俄文化奠基之作，後於馬禮遜之《英華字典》約七十年。

雅撒特、帕雷底阿斯均以留華教士治漢學，而白萊脫胥・乃德 (Emill Bretsch neider, 1833~1901) 則以駐華使館醫士成業，亦一具異彩之學人也。原任職交通部，一八六六年（同治六年）[2]以使館醫官赴任北京，迄一八八八年（光緒十四年）始歸國，留華凡十八年，研究中國植物及中亞之歷史地理，退休後居彼得堡，從事撰著。法國文學研究院聘為通訊員，巴黎地理學會聘為會員。歷史地理方面，有《大秦國記》(*On the Knowledge possessed by the Ancient Chinese of the Arabs and the Arabian Colonie and other Western Countries mentioned in Chin*, 1898)、《中國中古西行旅行家》(*Notices of the Mediaeval Travellers to the West*, 1875)、《中世中西亞洲地理歷史》(*Notices of the Mediaeval Geography and History of Central and Western Asia*, 1876)、《馬可波羅北遊記疏解》(*Elucidations of Morco Polo's Travels in North China, drawn*

❶ 1810年爲嘉慶十五年，道光十二年爲1832年。但據下文，是年帕雷底阿斯23歲，則當爲1840年（道光二十年）。——編者註

❷ 公元1866年爲同治五年。——編者註

from Chinese Sources, 1876)、《東亞中古史料》(*Mediaeval Researches from Eastern Asiatic Sources*, 2vols, 1910). 植物方面之貢獻尤大，以所發見中國植物標本分贈於彼得堡植物園及歐西植物學家，至有以其名中國植物者。著有《歐人初期之中國植物研究》(*Early Europian Researches into the Flara of China.* London, 1881)、《中國植物學》(*Botanicon Sinicum*, 1892)、《歐洲中國植物發現史》(*History of Europian Botanical Discoverlies in China*. 2vols. London, 1898) 等著。

十九世紀初葉以前，俄人之中國研究一以在華傳道團為中心，或聘用他國漢學者。一八二八年（道光八年）始於莫斯科附近之喀山(Kazan) 大學設蒙古語講座，以鮑波夫 (Al. Vac. Popov)、柯瓦斯基(O.M. Kovalevsky) 為教授。一八三七年（道光十七年）增設漢語文講座，任第十次北京傳道團團長達尼爾 (Sivillov Daniil) 為教授，並由達尼爾之手以廣蒐漢籍。繼之者窩伊郝夫斯基 (Vaihovskii), 乃曾參與傳道團之醫生。蒙漢文講座後移於彼得堡。一八九九年（光緒二十五年）創東方語學校於海參威，一九〇二年（光緒二十八年）增置東亞學院，由學士院派探險隊，深入新疆、蒙古，調查發掘。東清鐵路則從事於北滿之調查研究，於是帝俄時代中國拼究之機構略備。十九世紀末葉，大學教授之名漢學者有魏西里夫與伊凡諾夫斯基。

魏西里夫 (Pavlovitch Vasiliev, 1818~1900) 氏學於喀山大學，研究佛教。一八四〇年（道光二十年）隨十二屆傳道團來華，留北京十一年，咸豐初(1851) 返國，繼窩伊郝夫斯基任喀山大學滿洲語及華語教授。一八五五年（咸豐五年）轉職彼得堡大學東方學部，繼任部長。一八八六年（光緒十二年）任為學士院會員。著《中央亞細亞東部之歷史及遺址》(*Istorija i drevnosti vostocnoi Casti srednei Azii*), 氏年八十二而卒。其在學術界活躍，凡半世紀之久，故聲華籍甚。著作多譯為德文，惟以其學術上之極端懷疑主義，未能形成學派。二十世紀初之俄國漢學學風，承受法國沙畹之影響，反較氏為多。

後魏氏三年逝世之伊凡諾夫斯基 (A.O. Ivanovskii, 1863～1903), 亦通漢滿蒙藏文，任教於彼得堡大學，一八八九年（光緒十五年）至一八九一年（光緒十七年）曾踏查滿洲，著有《滿洲研究》(Mandjurica 1894).

一九一七年（民國六年）蘇維埃新政權成立，關於東方學之研究，於列甯格勒有東方科學研究院，有東方現代語學校，於莫斯科有中國學院。初期仍多由帝俄時代之專門學者主持，如印度研究之名宿鄂登堡 (S.E. Oldenburg) 任物質文化學院院長，主持探險考古及博物館文獻之研究整理。一九〇九年（宣統元年）至一九一〇年（宣統二年）俄學士院曾派鄂登堡於新疆吐魯蕃、焉耆、庫車等地考古，著有《俄羅斯土爾其斯坦探險報告》。一九二〇年（民國九年）復赴新疆考察，其後所得古器物、文書，多藏列甯格勒之博物館、圖書館等處。

土耳其學大師巴爾拖德 (W. Barthold, 1869~1930) 授東方研究史於東方現代語學校，任東方學會會長，物質文化研究院副院長。著《東方研究史》(*Istoriya jzuchniya Vosteka v Europe i Rossii, izdanie 2-oe.* Leningrad, 1925)、《蒙古侵寇時代之土爾其斯坦》(*Turkestan down to Mongol Invasion*. translated from the Russian. 2ed., London and Leidan, 1928).

一九二三年（民國十二年）曾任彼得堡大學漢學正教授之伊鳳閣 (A.L. Jvanov), 則於十月革命後，隨蘇聯遠東全權代表越飛 (A. Joffe) 東來，一九二三年（民國十二年）任駐華使館參贊，北京大學研究所國學門導師，發表《西夏國書說》於《北京大學國學季刊》(1923, 12).

與氏同任彼得堡大學之漢學副教授阿里克塞夫 (Vasilli M. Alexeif) 則任職東方科學研究院，氏為魏西里夫伊凡諾夫斯基卒後蘇俄之第一漢學者，於一九〇二年（光緒二十八年）卒業彼得堡大學東方學部，治漢滿蒙語，一九〇四年（光緒三十年）得學位，遊學法英德，為碩儒沙畹之入室弟子。曾數次渡華，從沙畹考古華北，治中國語文思想宗教，皆能深入。一九二八年（民國十七年）由鄂登堡推為學士院會員。著有《聊齋志異譯註》等書。

崑拉特 (Nikolai Josifovitch konlad), 日本語學者，列寧格勒東方學院之主任教授。嘗留學日本東京帝國大學，關於日本之研究頗多，以伊勢物語之迻譯為最著。

俄人之東方研究，自昔以西伯利亞、滿、蒙、新疆之調查考古為中心，西伯利亞則自十九世紀前半，俄羅斯學士院派遣多數探險家，一八四二年（道光二十二年）至一八四五年（道光二十五年）學士院派大探險隊，調查西伯利亞之極北及東部，以米登賨爾夫 (A.T. Middendorf) 為隊長，其成績居十九世紀西伯利亞探險隊之首位，雖以自然史方面之研究為主，米登賨爾夫留意於地方住民之研究，收集多數雅庫 (Yákut) 人通古斯人語言及民族文學之研究資料，著有《西伯利亞極北及東部旅行記》(*Reise in den äussersten Norden und Osten Sibiriens*, 1848~1875).

自一八五四年（咸豐四年）至一八五六年（咸豐六年）有學士院之雪來克 (Leopold von Schrenk, 1826~1894) 之科學的調查，其結果成《黑龍江地方之旅行及調查》(*Reisen und Forshungen im Amur-Cebiet*, 1858~1895), 其第三卷《黑龍江地方之人民》(*Völker der Amurlandes*), 據民族學的調查，明吉里迷 (Giriyak) 與通古斯族之差異，樹立新舊亞細亞族之概念。

自一八六七年（同治六年）至一八六九年（同治八年）東西伯利亞總派蒲兒九瓦利斯基 (Nikolai Mikhailovich Prjvalskii, 1839~1888) 探險於烏蘇里地方，其結果成卓越之《烏蘇里地方旅行記》(*Puteshestvie v Ussuriiskom Krae, 1867~1869*. G.S. Peterburg, 1870).

為言語學上之研究而實行之西伯利亞調查之旅行中，最有名者，為芬蘭之卡斯特楞 (M.A. Castren, 1813～1852) 之旅行(1845～1849)，其研究成果發表《通古斯語特性論》(*Gaündzüge einer tungusische Sprachlehre*)，始提倡分薩摩耶 (Semoyed) 語、芬 (Huns) 語、土耳其語、蒙古語、通古斯語五羣之烏拉爾阿爾泰 (Ural-Altai) 語系說。關於芬語方言資料之外，更蒐集關於研究薩摩耶 (Samoyed) 人及土耳其人所需資料。其活動雖與俄羅斯學術機關全無關係，但所蒐資料自俄羅斯學士院出版。

一八五四年（咸豐四年）俄羅斯地理學協會成立後，西伯利亞研究，歸其主持。一八五四年（咸豐四年）時，協會送探險隊於西伯利亞，以天文學者胥瓦爾斯 (Schwartz) 為隊長，不僅西伯利亞之天文學的觀測，並蒐集多數關於蒙古山岳河川之研究資料。其後以協會之委囑，自烏拉爾 (Ural) 至堪察加及白令海峽之西伯利亞全土調查，屢屢行之。於地理學、人種學、言語學、經濟學方面，皆有相當貢獻。

關於滿洲，則十九世紀末，海參崴有東方語學校、極東研究所、博物館、黑龍江地方研究會，以為研究之中心。革命後則蘇俄地理學會之海參崴支部最為活躍。東淸鐵路公司亦曾從事於種種調查研究。其最致力於通古斯民族研究者，為西羅克哥羅夫 (Shirokogoroff)，著有《滿族之社會組織》(*Social Organization of the Manchus*, 1924)、《極東北通古斯族之移植》(*Northern Tunguses Migrations in the Far East, J. North Chin*. br. 1926)、《北通古斯族之社會組織》(*Social Organization of Northern Tungus*, 1929) 等書。

俄人之蒙古研究，其主要業績為包德寧 (G.N. Potanin) 於一八七七年（光緒三年）至一八七九年（光緒五年）兩次探險，著《西北蒙古概說》(*Oce Rki Severo Zapadnoi Mongolin*)，記遊之外，廣羅蒙古考古學、人種學、民間文學資料，至今為學人所重。

而柯智洛夫 (I.K. Kozlov, 1863~1935) 於一九〇七年（光緒三十三年）至一九〇九年（宣統元年）探險蒙古，於甘肅張掖額齊納河畔黑城，發掘西夏遺蹟，得漢、藏、西夏古文書，以解讀西夏文之辭典《番漢合時掌中珠》公於世界，使西夏文化得以闡明。氏又於一九二四年（民國十三年）至一九二五年（民國十四年）在外蒙土謝圖汗塞楞格河上流，發掘秦漢時代匈奴人古墓二百餘座，得絨氈、絹布、漆器、玉器、黃金飾板等，著有《北蒙古探險報告》(*Comte rendus des expéditions pour exptoration du Nord, de la Mongolie*, 1925), 究明西元前後王莽時代，匈奴貴族生活之狀況。

拉道羅夫 (F.W. Radloff, 1887~1918) 則於一八九〇年（光緒十六年）勘查亞德林澈夫 (Jadrincev), 於一八八九年（光緒十五年）所發現之鄂爾坤河畔之唐開元中闕特勤碑，予突厥文研究以曙光。著《蒙古之突厥碑銘》(*Die alttürkischen Inschriften der Mogolie*, 1894), 《突厥碑銘之歷史意義》(*Die historiscbe Badeutung der alttürkischen Inseshriften*, 1899) 等篇。氏又發現蒙古故都喀啦和林故址古碑，確定其位置在今鄂坤河上流右岸之額爾德尼招，皆歷史上之重要公案。

蒙古史之作者，以烏拉吉米素夫 (Boris Jokovlevici Vladimirtsov, 1884~1931) 為巨擘，著有《成吉思汗傳》(*Chingis-Khan*, 1922), 現在有成吉思汗傳中，為最饒學術價值者。其《蒙古之社會組織——蒙古之遊牧的封建制度》(*Obshchestvennyi stroi Mongolov, Mongoliskii kochevoi feodalism*, 1934), 係未殺青之遺稿，然其價值已為世所公認矣。

蒙古法制之研究，以黎亞札諾夫斯基 (Ryazanovskil) 為最活躍，著有《蒙古民族之慣習法》(*Obucneo pravo Mongol'skii[Mongolov, Burjat i Kalmukov]*，Vestnik Azii, 1923~1924)、《蒙古法慣習法歷史概說》(*Mongolikoe pravo preniuscestveni obŭcnoe istoriceskii ocerk*, 1931)、《蒙古法之基礎原理》(*Fundamental Principle of Mongol law*, 1937).

斯特貝 (Leo Y. Sternberg, 1861~1927), 人種學者，關於東部西伯利亞造詣尤深，以政治運動，流放庫頁島，流謫期間，研究吉里迷 (Giriyak)、蝦夷 (Ainu)、奧洛克 (Orokhos) 之言語生活，著《極東北庫頁島之旅行》(*A Journey to the Extreme North of Island of Saghalien*, 1895). 一八九五年（光緒二十一年）得官憲許可，作黑龍江地方之研究旅行，蒐集民族法、考古學、人種誌學上之資料甚豐，一八九六年（光緒二十二年）滿刑，歸彼得堡，與拉道羅夫 (F.W. Radloff) 盡力於學士院附屬之人類及人種誌博物館之創設。革命後，創人種誌學研究會，後合併於列寧格勒大學，任地理學、人種誌學主任教授，一九二六年（民國十五年）出席太平洋學術會議，赴日本東京，又舉行蝦夷調查，赴北海道，著《太平洋俄羅斯調查》(*Academy of Science of the Union of the Soviet Socialist Republics: The Pacific Russian Investigation*, 1926)、《原始宗教豫言選》(*Divine Election in Primitive Religion*, 1926).

自十九世紀中葉以後，俄人之探險中央亞細亞，前後不下二十起，視各國為獨勤。一九〇二年（光緒二十八年）萬國東方學會開會於德國漢堡，拉道羅夫倡議各國協力探險中亞，於是組織中亞及遠東歷史考古言語人種探險國際學會 (Associations international pour I'Expédition historique linguistique et ethnograPhique et ethnographique de I'Asie Centrele et d'Extrême-Orient), 設總部於彼得堡,支部於各國。

蒐集則列寧格勒國立圖書館，於量甚富，並有滿文蒙古文之寫本刋本。該市舊學士院細亞細亞圖書館，由來甚古，駐北京俄羅斯使節於一七三〇年（雍正八年）時，得漢籍於耶穌會士，送歸故國，以後續寄，一七九四年（乾隆五十九年）達二百二部四百二十一册，一八八〇年（光緒六年）中日書籍凡二千九百八十三册云。他如列寧格勒大學，外交部亞細亞局貯藏亦頗多。

雜誌之最主要者，為《學士院彙報》(*Izviestiya Akademii Nauk*), 揭

載多數東方學關係論文。並蒐集其中東方學關係者，別刊《亞細亞論纂》(*Aziatskii Sbornik*)，一八九四年（光緒二十年）停刊，一九一八年（民國七年）復刊，發行《新編》(*Novaya Seriya*) 第一冊。

6. 美利堅

美國完成獨立在一七八三年（乾隆四十六年）[1]，及釋奴戰終，統一南北之集權政府成立，已在十九世紀中葉(1865，同治四年)，收夏威夷、菲利賓在十九世紀末(1898，光緒二十四年)，其注意禹城，視歐人晚甚。其國民尚科學重實用，於中國文獻歷史之研究，初極忽視。有衞三畏 (Samuel Wells Williams, 1814~1884) 者，紐約人，本神學者，於一八三三年（道光十三年）由公理會派來華布教，曾編刊《中國寶庫》(*China Repository*)，乃由教會援助於一八三二年（道光十二年）創刊廣東之月刊雜誌，一八五一年（咸豐元年）停刊。一八五七年（咸豐七年）至一八七六年（光緒二年）為美國駐華使館秘書，晉至代理公使。歸國後授中國語文於耶魯 (Yall) 大學，著華語字典及讀本等。其《中國總覽》(*The Middle Kingdom*, 1848) 一書，凡兩巨冊二十六章，敘述中國地理、歷史、人民、政治、文學、社會、藝術等概況，後由其子為復刊，流傳甚廣，為美人中國研究之見端。

於氏逝世之年（光緒十年）蒞華，亦以外交官貢獻於中國研究者為羅志意 (W. Woodvil Rockill, 1854~1914)，洛費城人，學於法國，年三十來北京美使館，為二等書記官，一八八七年（光緒十三年）至一八九一年（光緒十七年）探險西藏，一九〇五年（光緒三十一年）至一九〇九年（宣統元年）為駐華公使，踏查蒙古，後歸國。一九一四年（民國三年）袁世凱聘為顧問，卒於火奴魯魯途中。前後留華十五年，研討梵藏文，於外交官生活之餘，撰著關於蒙藏研究論文、旅行

[1] 公元1783年爲乾隆四十八年。——编者注

記等，受英國地理學會獎章，譯註《盧白魯克遊記》(*The Journey of William of Rubruck to the Eastern parts of the World*. London, 1253~1255), 又與夏德合譯宋趙汝适《諸蕃志》(*Chau Ju-Kua, his work on the Chinese and Arab trade in the twelfth and thirteenth centuries*, 1912. 有馮承鈞譯本，民國二十九年，商務版)，於中世紀東西交通，多所闡發。

與氏同時有費諾羅薩 (Evnest Fenollosa, 1853~1908) 者，於一八七八年（光緒四年）受東京帝國大學聘渡日，研究東方美術，歸宗佛教，協助岡倉覺三創立美術學校，留日八年，影響明治美術史極大。氏著有《中國、日本藝術史綱》(*Epochs of Chinese and Japanese Art*, 1912, 有賀長雄譯註本，大正十年，東京刋)，以深邃之美學知識，闡明東方美術之特質，亦美國東方學者中一異彩。氏歐遊中病卒於倫敦，遺稿係由其夫人編訂刋行。

二十世紀初葉，正美國國力發達，一日千里之時，遠東研究之興味，日趨濃厚。是時法有沙畹、伯希和，英有翟理斯、斯坦因，德有米勒、哥隆維德，以中國考古、敦煌吐魯番之發現，喧囂於世界。事事力爭上流之美人，乃始禮聘異邦學者，盛蒐中國古物、文獻，謀美國漢學之建設。

哥倫比亞大學之首任漢學教授為德人夏德 (Friedrich Hirth, 1845~1927), 一九〇二年（光緒二十八年）莅任，供職十五年，年八十餘，終老於美。氏於一八六七年（同治六年）來華，年二十二，又三年(1870) 始供職於中國海關，一八七八年（光緒四年）至一八八八年（光緒十四年）任職上海統計局，公務之暇，兼治漢學。一八八六年（光緒十二年）至一八八七年（光緒十三年）英國皇家亞洲學會華北分會聘為總裁，前後留華二十五年，於中國古代文化起源、中西文化交通及繪畫源流，無不研討。一八九五年（光緒二十一年）去職歸國。考狄之創刋《通報》，夏德曾為文於創刋號。避地慕尼克 (Munich),

讀一八三〇年（道光十年）內曼東遊所蒐，塵封已久之漢籍。言自一八六九年（同治八年）出版學位論文，迄一九一七年（民國六年）由美國東方學會揭布《史記・大宛列傳》英譯，撰著達百餘種，其成名之作為《中國與東羅馬》(*China and the Roman Orient*, 1885)，為研究中國與西亞細亞交通史傑作；其《中國古代史》(*The Ancient History of China*, 1908. 西山榮久日譯本，張繼序，大正七年刊）。由美國哥倫比亞大學出版部印行，述由盤古至秦之統一，乃夏氏在哥倫比亞大學之講義，當時稱為名著，氏又曾與羅志意合譯《諸蕃志》。

一九〇四年（光緒三十年）至一九〇七年（光緒三十三年）間與夏德同時主講東方學於哥倫比亞大學者有勞佛爾 (Berthold Laufer, 1874～1934). 氏生於德國科崙 (Köln), 疑業於柏林大學，一八九七年（光緒二十三年）得來比西大學博士學位。一八九八年（光緒二十四年）渡美，參預基索浦北太平洋探險隊 (The Jesups North Pacific Expedition), 踏查庫頁島及東西伯利亞一帶。一九〇一年（光緒二十七年）來華，留長安數載，旋復入布拉克斯頓夫人探險隊 (The Mrs.B. Blacksktone Exp), 二次踏查我國西部及西藏高原，時為一九〇八年（光緒三十四年）至一九一〇年（宣統二年）。其後任職芝加哥自然歷史博物館 (The Field Museum of Natural History), 歷主亞洲部人類學部，殫精研究著述，一九三四年（民國二十三年）殞樓而卒，年六十。氏通希臘、拉丁、西藏、西夏等語文，能讀漢籍，核博與法之伯希和埒。關于考古學、宗教學、人種學、滿、蒙、藏文，皆有所述作。其重要者為《中國古玉考》(*Jade, a study in Chinese archaeology and re1igion*, 1912), 搜羅中國古玉，旁證博引，以考古方法尋繹古今玉之演進，以玉器為中心資料說明中國古代文明與禮教發展。蓋欲從玉器之制講通古代禮教所含之基本宗教觀念，闡發其對於政治思想關係，亦別開生面之作。《漢代之陶器》(*Chinese Pottery of Han Dynasty*, 1909) 為陶器之系統研究，第五章揭明秦漢時代受西伯利亞藝術之影響，亦為創解。《中國伊蘭篇》(*Sino-Iranica*, 1918. 章鴻釗譯其金石部，並補證為《中國伊蘭卷金石譯證》，為《地質專報》乙種三號，民國十四年六月版，向達譯書中葡萄考及苜蓿考，刊《自然界》四卷三、四號，白壽彝譯波斯錦，刊《禹貢》四卷十二期），為中西文化交通史上傑作，其書博大浩瀚，於中國植物、金石稱謂沿革，搜求中外記述，一名一物之微，詳加疏證，誌其出處始末，非曩之考證家，硜硜守一家言與一國文字者所能為。此外有《中國泥象考》(*Chinese Clay Figures*, 1914)、《中國耶教藝術》(*Christian art in China*, 1910)、《中國磁器起源考》(*The Beginnings of Porcelain in China*, 1917)、《金剛石考》(*The diamond, a study in Chinese and Hellenistic folklore*, 1915) 等著。

曾任哥倫比亞大學中國學教授者復有卡德 (Thomas Francis Carter, 1882~1925)，氏於一九〇六年(光緒三十二年)來華，留十年，習語文，讀史乘，喜與學者周旋。歸國後於一九二四年(民國十三年)任教哥倫比亞，著有《中國印刷術源來史》(*The Invention of Printing in China and Its Spread Westward revised edition*, 1931. 劉麟生漢譯本，民國二十七年十二月，商務刊），以博學稱。

現在哥倫比亞大學漢學教授柯瑞爾 (Herlee Glessner Greel) 為美國之中堅漢學者。曾遊學中國，著有《中國文化形成期之研究》(*The birth of China*: *A survey of the formative periods of Chinese Civilization*. London, 1936)，又著有《中國古代文化之研究》(*Studies in Early Chinese Culture*. London, 1938)，為中國古代史研究已有成績之總合敘述。

以研究中國社會經濟史著名之德人衞特夫 (Karl August Wittfogel, 1897~) 亦張講筵於此校。氏著有《中國之經濟與社會》(*Wirtschaft und Gesellschaft Chinas*, 1913).

耶魯大學有衞廉福教授 (Frederick Wells Walliams, 1856~1928),

授遠東近世史，氏為衞三畏子，生於澳門，能讀父書，著其父傳及關係中國論著多種。

與氏同教授於耶魯而年事較幼者為拉脱雷特 (Kenneth Scott Latourette, 1884~) ，生於奥勒功 (Oregon) 市，一九〇九年（宣統元年）渡華，一九一四年（民國三年）為耶魯歷史講師，一九一八年（民國七年）為洗禮會牧師，一九二一年（民國十年）以後為耶魯教授，著有《中美之初期交涉》(*The History of Early Relations between the United States and China 1784~1844*. New Haven, 1917)、《中國基督教史》(*A History of Christian Missions in China*. New Nork, 1929), 一九三四年（民國二十三年）刊《中國歷史及文化》(*The Chinese, their history and culture*. 2vols, 1934. 有岡崎三郎日譯本，生活社刊) ，第一卷通述先秦至現代史實，第二卷分述文化史各項，各章附參考書目，頗便初學，關於日本，有《日本之發展》(*The Development of Japan*. New York, 1918. 有梁大鵬漢譯本，商務版) 。

衞特尼 (William Dwight Whitney, 1827~1894), 言語學者、梵語學者，初任職銀行，一八四八年（道光二十八年）始習梵語，一八五〇年（道光三十年）留德，一八五三年（咸豐三年）經巴黎、牛津、倫敦返國，任耶魯大學梵語教授，所著《梵語文典》(*A Sanskrit Grarmmar including both the Classical language and older dialects of Veda and Brahmana*. Leipzig, 1879), 為印度學者必携之書。

哈佛大學近年為推進漢學研究，創設遠東語文科，由法國禮聘艾利塞夫 (Serge Eliseeff) 為主任教授，授日本文學，以賈德納 (Charles S. Gardnor)、魏爾 (J B. Ware) 為副教授，授中國文學史學，成立哈佛燕京社，擁艾利塞夫為社長。氏生於俄羅斯帝室御用商人家，一九一四年（民國三年）卒業日本東京帝國大學文科後歸國。俄國革命後歸化法國，授日本文學於法蘭西學院，入美後，於一九三六年（民國二十五年）創刊《哈佛燕京學報》年刊四次，舉行大規模之漢英字典編纂，自為監督。一九三七年（民國二十六年）旅行中國，視察哈佛燕京社之合作學校與事業，為學術界所注目。賈德納治中國史，著有《中國舊史學》(*Chinese Traditional Historiography*, 1938), 多取泰西學者論著，於劉知幾、章學誠之書，未及論列，殆亦後起之英，銳意撰述，而其學尚疏者。

印德馬爾叙 (Albert Edwin Hindmarsh, 1902～) 本英人，入美籍。哲學博士、教育家、著述家。曾充哈佛大學政治科副教授，海牙國際法學院教授。現任美國亞細亞協會日本協會會員，著《日本對外政策之基礎》(*The Basis of Japanese Foreign Policy*, 1936).

加利佛尼亞巴庫里大學於一九一四年（民國三年）至一九一八年（民國七年）卽有德籍漢學者佛爾克 (A. Forke) 授中國哲學史，與勞佛兒並稱大師，惟不久返德。曾任清華大學教授之德人石坦安 (Diether von Steinen) 亦應聘為該校漢學講師，氏研究中國戲劇，曾譯《史記・伯夷傳》、曹大家《女誡》及曹操詩為德文。

芝加哥大學之名漢學教授，為馬克奈阿 (Harly Farnsworth Mac Nair, 1891～) 學於哥倫比亞 (Colombia), 得博士於加利佛尼亞 (California), 一九二一年（民國十年）至一九二六年（民國十五年）任上海聖約翰大學教授，主編《中國評論週報》(*China Weekly Reviw*), 歸國後，任職芝加哥大學，著《中國人之發展》(*The Chinese Abroad, Their Position and Protection*. Shanghai, 1924)、《中國之新國家主義》(*China's New Nationalism and Other Essays*, 1925)、《中國之國際關係》(*China's lnternational Relations and Other Essays*, 1926)、《現代中國史》(*Modern Chinese History*. Shanghai, 1923)、《革命中之中國》(*China in Revolution, An Analisys of Politics and Militalism under the Republic*. Chicago, 1931) 等，並與摩斯 (H.B. Morse) 共著《極東之國際關係》(*Far Eastern international relations*, 1931).

摩斯 (Hosea Ballou Morse, 1855~) 美國駐華海關稅務司，中國經濟研究家，著《一六三五年至一八三四年東印度公司對華貿易記錄》(*The Chronicle of the East India Company trading to China, 1635~1834*.5vols. Cambrilge and Oxford, 1926~1929)，為英國對華貿易，廣東、澳門、東京、廈門、寧波等地當時之貿易狀態，西班牙、葡蘭牙、荷蘭等之對華貿易及當時所起諸種事件之根本資料。《中國之行會》(*The Gilds of China*. London 1909) 與英國之行會比較研究，研究行之宗教的方面，行之起源、資格、管理、收入，交易之統制、統制力，旅商等，並包含會館、公所，牛莊、汕頭、廣東行商之研究，其比較研究，甚屬重要。《中華帝國之國際關係》(*The International Relations of the Chinese Empire*. 3vols. 1910) 詳密研究葡萄牙人東來後至一九一一年（宣統三年）中國之國際關係，為中國近世外交史研究之一大傑作，分鬥爭時代(1830~1860)、屈服時代(1861~1893)、服從時代(1894~1911) 三卷，據列強之外交文書，參考考狄 (H. Cordier) 等之研究，內容正確詳備，為綜合的研究。《中朝制度考》(*The Trade and Administration of China*. London, 1921, Third edition) 記政府之組織性質收入支出、通貨、度量衡以及內外貿易等。

美國學術團體聯合理事會，於一九二九年（民國十八年）議決廣聘學者，迻譯漢籍，後得羅氏 (Rockfeller) 及克氏 (Conegie) 兩基金團之資助，經賈德納等議定，首譯漢書，聘德布斯 (Homer H. Dubs) 主其事。德氏治哲學，於吾國學藝用力甚勤，嘗譯《荀子》，並著有《古代儒教之建設者荀子》(*Hsüntze, the Moulder of Ancient Confucianism*. London, 1927) 一書，其譯《漢書》，劃分為五册，一册至三册為諸帝本紀，四册譯班氏叙傳，兼評班書體例及諸註家得失，末册詮釋字義、訓詁名物，名曰《語彙》。一九三八年（民國二十七年）首册成，計高、惠、呂后、文、景諸紀共五卷，卷首有導論，卷末有附錄，聘華人為助，由荷蘭漢學者戴温達克為之潤色，以王先謙補注為藍本，更博采諸家之說，蓋沙畹譯《史記》後之偉大計劃也。

此外美人之以漢學名者有約翰孫 (O.S. Johnson), 曾任教於嶺南大學廣州科學院，歸美任斯丹福 (Stanford) 大學講師，窩瓦學院 (Wabash College) 教授，著有《中國鍊丹術考》(*A Study of Chinese Alchemy*. Shanghai, 1928. 有黃素封漢譯，民國二十六年，商務版）。

記美國漢學研究，有一不可不特別叙述之畸士，為留華逾五十年之福開森 (John C. Ferguson, 1866~)。氏一八八六年（光緒十二年）卒業於波士頓大學，次年(1887, 光緒十三年) 渡華。其後為南京大學南洋公學校長，為盛宣懷之秘書，為端方、黎元洪之顧問，為中國紅十字會會長，為《新聞報》《上海時報》經理，縱横活躍於中國社會各方面，以其餘力研究中國藝術，著《中國藝術綜覽》十册，為青銅器、石器、書法、畫集、玉翠、陶器、建築、家具、紡織品及其他藝術之探討。復有《歷代著錄吉金目》（二十八年一月，商務版）、《歷代著錄畫目》（二十三年，南京金陵大學文化研究所刊）、《中國畫》(*Chinese Painting*. Chicago, 1927)、《中國藝術大綱》(*Outlines of Chinese Art*. Chicago, 1919), 為皇家亞洲學會華北分會秘書會長，為該會會報編輯，主編《中國雜誌》(*China Journal*)。捐贈所獲古物於古物陳列所，故宮博物院聘為顧問，乃一精力絕人之學徒人。

白朗 (Arthur Judson Brown, 1856~) 傳教師，兼任北京醫科大學、北京大學、山東大學等校評議員，一九〇一年（光緒二十七年）至一九〇二年（光緒二十八年）旅行亞細亞各地，旋周遊世界，關於中國、朝鮮、日本之著書，有《在舊中國之新勢力》(*New Forces in Old China*. New York, 1904)、《中日鮮再訪記》(*Report on a Second Visit to China, Japan and Korea*. New York, 1909)、《中國革命》(*Chinese Revolution*,

1912)、《遠東之支配》(*The Mastery of the Far East*. New York, 1919~1921)、《今日世界中之日本》(*Japan in the World of Today*, 1928).

阿連 (Newton Horace, 1858~)，傳教師，一八八三年（光緒九年）至華，一八八四年（光緒十年）赴朝鮮，為最初之駐劄布教師，建醫院，設新教教會，一旦返美，一八八九年（光緒十五年）再至朝鮮，設美國公使館，為初代公使及總領事，至一九〇五年（光緒三十一年）。著《朝鮮故事》(*Korean Tales*, 1889)、《耶穌紀元至二十世紀朝鮮對外關係之年代學索引》(*Chronological Index of Foreign Relations of Korea from Beginning of Christian Era to 20th Century*, 1900)、《朝鮮事實與空想》(*Korea Fact and Fancy*, 1904)、《朝鮮事物志》(*Things Korea*, 1908) 等。

安德武德 (Horace Grant Underwood, 1859~1916), 傳教師，生於倫敦，十五歲時移住美國，一八八五年（光緒十一年）至朝鮮，著有《鮮法字典》(*Korean - Franch Dictionary*, 1885)、《朝鮮白話入門》(*Introduction to the Korean Spoken Language*, 1890).

久立克 (Sidney Lowis Gu1ik, 1860~) 宣教師，神學博士，曾任日本京都同志社大學神學教授、東京帝國大學講師，關於日本著述有二十餘種。主要者為《日本人之社會的醫學的維新》(*Evolution of Japanese, Social and Physic*, 1903)、《日美問題》(*American Japanese Problem*, 1914) 等。

特利特 (Payson Jackson Treat, 1879~) 曾充牛津大學歷史教師，旅行極東及澳洲，著《一八五三年至一八五六年日美早期外交關係》(*Early Diplomatic Re1ations between U.S. and Japan 1853~1865*, 1917)、《日本與北美聯邦》(*Japan and The United States 1853~1921*, 1928)、《一八五三年至一八五九年日美外交關係》(*The Diplomatic Relations between U.S. and Japan 1853~1895*, 1932) 等。

高因 (Herbert Henry Gowen, 1864~)，本英人，入美籍，神學博士，華盛頓大學語學教授，為日本文化研究之權威者，歷任東方研究會長、紐約日本人協會會長等職。著有《日本史綱》(*An Outline History of Japan*, 1927) 等。

美人之中土探險，先有本伯利 (Raphael Pumpelly, 1837~1923) 於二十世紀初旅行華北、華中、中央亞細亞等地，於地質考古學多所論著。

繼有安德魯 (Roy Chapman Andrews, 1884~) 曾由安南入滇而出緬甸，更於一九一八年（民國七年）夏入蒙古，次年返北京，一九二一年（民國十年）入陝西，分遣學者於各地與北京地質調查所合作，調查四川古生物。一九二三年（民國十二年）之蒙古高原探險，發見後期舊石器時代人遺跡。

美國以雄於資，比年對於東力研究資料，蒐羅不遺餘力。紐約國會藝術博物館、波士頓 (Boston) 美術博物館、費城 (Philadelphia) 藝術博物館、賓省 (Pennsylvania) 大學博物舘及芝加哥 (Chicago)、堪薩斯 (Kansas) 等博物館，無不有中國繪書、古器物、圖書，設東亞部，附研究室，從事於蒐羅探討。寶雞發見之銅禁禮器，易州之齊侯四器，均歸於紐約。曲陽崇光寺之隋大理石彌陀像，重二十噸，亦入於美。唐太宗昭陵六駿，其二陳於費府，乾隆之九龍圖、守作之觀音像、均入波士頓。名畫如江参《百牛圖卷》、宋徽宗《摹張萱搗練圖》、巨然《烟江疊嶂圖》、馬賁《百雁圖卷》等，散見美各博物館中。私人如煤油大王羅克斐萊等，以資本家而喜東方藝術，所集多精絕之品。華盛頓國會圖書館為美國圖書舘最大者，藏漢籍逾十三萬卷，並有滿蒙藏及朝鮮文書，一九三六年（民國二十五年）起，聘華人為東方學部秘書、編輯。此外各大學之漢學研究亦時聘華人導師，並獎勵留學生以中國資料撰著論文。哈佛燕京社且以美國資力資助華人之國學研究事業。憑藉雄厚，朝氣彌漫，駸駸乎有凌駕歐人之勢。

美國主持之東方研究關係刊物如下：(1)《哈佛亞洲學報》(*Harvard Journal of Asiatic Studies*) 為哈佛燕京社 (Harvard-Yenching Institute) 所刊行之雜誌，創刊於一九三六年（民國二十五年），由艾利塞夫、賈德納、魏爾等主編，年刊一卷，共四期，用英法文，內容分論著、書評、書報介紹等。(2)《美國東方學會會報》(*Journal of American Oriental Society*, New Haven) 一八四三年（道光二十三年）創刊。(3)《東方藝術》(*Eastern Art*) 費城大學藝術協會編，一九二八年（民國十七年）創刊。(4)《中國研究所會報》(*China Institute Bulletin*), 紐約美國中國研究所 (China Institute in America) 於一九三六年（民國二十五年）十月創刊，介紹中國主要雜誌之論文撮要，以備彼邦學者參考。(5)《中國雜誌》(*The China Journal*), 原名《中國科學美術雜誌》(*The China Journal of Science and Art*), 文學、美術方面由福開森編纂，科學方面由蘇瓦畢 (A. de.C. Sowerby) 編輯，一九二三年（民國十二年）創刊於上海，初為兩月刊，一九二五年（民國十四年）起改為月刊，一九二六年（民國十五年）始分一年為二卷，一九二七年（民國十六年）改上名。

7. 瑞典

瑞典於十九世紀初，有多桑 (Baron Abraham Constantine Mouradgea D'ohsson, 1780~1855) 者，為蒙古史研究家，善土耳其、阿拉伯、波斯諸語，著《蒙古史》(*Histoire des Mongols depuis Tchinguiz Khan jusqu'a Timour Bey ou Tamerlan*. 4vols. Amsterdam, 1852. 有馮承鈞漢譯本，田中萃一郎日譯本)，充分利用波斯等西方資料，為歐洲蒙古史研究之劃期大著，考證精密，記載正確，前後無比，為蒙古史研究家必備之書。含有多數根本資料，富史料價值，成吉斯汗及其以前之部分，含有不見於中國載記之資料甚多。

近年瑞典學者之活躍甚可注目。大旅行家地理學者斯文赫定 (Seven Hedin, 1865~) 探險中亞，前後歷新疆境五次，一九二六年（民國十五年）至一九三三年（民國二十二年）並與中國學術界合組西北科學考察團，考古於新疆、甘肅、蒙古等地，其旅行調查報告，譯為各國語，風行世界。《南西藏》(*Southern Tibet*: *Discoveries in Former Times Compared with my own Researches of 1906~1908*.1917~1922) 一書，本文九卷，地圖三卷，凡十二巨册。

地質學者安特生 (John Gunner Anderson, 1874~) ，於一九一四年（民國三年）應中國農商部地質調查所聘來華為所員，於一九二一年（民國十年）發掘奉天錦西沙鍋屯洞窟，調查河南省澠池縣仰韶村遺址，一九二三年（民國十二年）至一九二四年（民國十三年）探訪甘肅各地古蹟，發現中國原始土器與彩文土器，闡明新石器時代中國與中亞及西南亞文化關係。著有《中國遠古之文化》(*An Early Chinese Culture, Bulletin of the Geological Survey of China*, Oct. 1913. pp. 1~68)、《奉天沙鍋屯洞穴之遺蹟》(*The Cave-Deposit at Sha Kuo T'un in Fengtien*. Palaentologia Sinica, Series D, Vol 1. Fas 1 Peking, 1923)、《甘肅訪古記》(*Preliminary Report on Archaeological Research in Kansu. Bulletin of the Geological Survey of China*, 1925) 等書，氏留華將二十年，於一九二五年（民國十四年）歸國，為瑞京四垛澳 (Stock holm) 遠東古物博物院院長，從事於蒐集品之整理研究。

治中國繪畫者有四垛澳大學教授西林 (Osvald Siren), 著《北京之城與門》(*The Walls and Gates of Peking*. London, 1924)、《五世紀至十四紀之中國彫刻》(*Chinese Sculpture from the Fifth to the Fourteenth Century*, 4vols. London, 1925)、《北京之宮殿》(*The Imperial Palaces of Peking*, 3vols. Paris, 1926)、《中國古代美術史》(*Histoire des Arts Anciens de la Chine*, 6vols. Paris, 1929~1932).

瑞典漢學者中治中國語文者有高本漢 (Bemhard Karlgren, 1889~)，久留禹域，於古音多所發明，一九一八年（民國七年）歸國，主東亞語文講座於哥德堡 (Goteborg) 大學，著有《中國音韻學研究》(*Etude sur la Phonologu Chinoise, Arch. d'Et. orient.,* XV，1915~1916)、《中文解析字典》(*Analytic Dictionary of Chinese and Sino-chinese*. Paris, 1923)、《言語學與古代中國》(*Philology and Ancient China*. Oslo, 1926) 等。其論文多刋佈於《通報》《亞洲學會會報》，每一篇出，輒為世人傳誦。吾國治語音學者甚重其書。陸侃如曾譯其《〈左傳〉眞偽考》(*On the Authenticity and Nature of the Tso Chuan*. Götebory, 1926) 等論文三篇為一書（民國二十五年四月，商務刋）。

瑞典王太子博雅好古，蒐羅中國古物，故其國庋藏埒於英法德俄。國都歷史博物館藏有斯文赫定所得古物。

雜誌有《遠東博物院學報》(*Bulletin of the Muesum of Far Eastern Antiguities*)，一九二九年（民國十八年）創刋，安特生 (John Gunner Anderson) 主編，為北歐中國學研究之中心刋物。

8. 匈牙利

喬瑪 (Alexander Csoma de Köris 或作 Körösi Csoama Sandor, 1798~1842)，旅行家，現今西藏學之開拓者，一八二〇年（嘉慶二十五年）東遊，赴埃及，經中亞至西藏，習西藏語及佛教，一八五〇年（道光十年）[1]至孟加拉，任職於亞細亞協會之圖書館，著《藏英字典》(*A Tibetan-English Dictionary*, 1843)、《藏語文法》(*A Grammar of the Tibetan Language*, 1843).

比拉 (Georg[Joh]Bühler, 1837~1898) 於哥廷根 (Göttingen) 大學，學古典語學、梵語、波斯古語 (Zend)、波斯語、亞美尼亞語、阿

[1] 公元1850年爲道光三十年，道光十年爲公元1830年，據上下文看，此處當爲公元1830年（道光十年）。——編者註

拉伯語及考古學、哲學，一八五八年（咸豐八年）畢業，一八六二年（同治元年）任哥廷根大學圖書館長，翌年二月，受聘為耶魯芬斯透恩大學 (Elphinstone College) 之新設東方語學講座教授，旅行印度全土，一八八〇年（光緒六年）於維也納大學擔任印度言語學及考古學，所著《摩奴法典》(*Manavad-harmssāstra*) 之翻譯附註 (*The Laws of Manu*), 為不朽勞作。阿育王碑文之研究，貢獻於學界者甚多，印度古文字學之功績，更屬空前，《印度金石學》(*Indische Paläographie*, 1896), 《印度婆羅門字母之起源》(*On the Origin of the Indian Bráhma Alphabet*, 1898) 為研究此方面者必讀之書，其研究範圍甚廣，於比較言語學、神話學、梵語及印度俗語之文典辭書，純文學、歷史、地理、宗教各方面，亦有甚大業績。不幸一八九八年（光緒二十四年）四月八日遭難於君士坦斯湖 (Constanz), 撒手人寰。

9. 日本

明治初葉，日本治中國史者，讀《十八史略》《通鑑輯覽》而已。一八八六年（光緒十二年，明治十九年）東京帝國大學文科大學創設史學科，德人黎斯 (Ludwig Riess, 1861~1928) 受聘為教授，與坪井九馬三同主講席，始以藍克 (Lespald von Ranke, 1795~1886) 之史風，西洋近代之史學研究法，移植于日本；輔助學科之重要，演習 (Ubungen) 之實行，史學科、國史科之一體化，均由黎斯指示，而得明確體認，坪井則担任史學研究法，指導後學。當時日人以國史、支那史、西洋史鼎足而立，市村瓚次郎以漢文授支那史於學習院；那珂通世於一八八八年（光緒十四年，明治二十一年）至一八九二年（光緒十八年，明治二十五年）刊《支那通史》五卷，亦用漢文，為以西方體例著中國史之濫觴。一八九四、一八九五年（光緒二十年、二十一年，明治二十七八年）中日戰起，日人注意範圍漸大，一八九四年（光緒二十年，明治二十七年）那珂倡議，中等教育設東洋史科，以與西洋史對立，宮本正貫之《東洋歷史》二册，富山房版，實為東洋史教科書之嚆矢。自是而後，一八九六年（光緒二十二年，明治二十九年）有藤田豐八之《中等教育東洋史》，一八九七年（光緒二十三年，明治三十年）有市村瓚次郎之《東洋史要》，翌年有桑原隲藏之名著《中等東洋史》（有金為漢譯本，光緒三十四年，商務發行。又山陰樊炳清譯，名《東洋史要》，二册，有光緒二十五年，王國維序）。所謂東洋史者，卽以中國為中心，說明東方諸國治亂興亡之大勢，與西洋史相對，為世界史之一半，亦卽亞細亞之綜合的歷史也。

東京帝大史學會，成立於一八八八年（光緒十四年，明治二十一年），為日本最早之史學學術團體，翌年十二月刊《史學會雜誌》（明治二十六年改稱《史學雜誌》），關於中國史初期研究之重要論文，全部刊佈於此。一九〇〇年（光緒二十六年，明治三十三年）萬國東方學會於羅馬開第十二次大會，坪井九馬三代表日本出席，提出白鳥庫吉著《闕特勤碑文考》《匈奴及東胡諸族語言考》二論文，為東方學者夏德 (Hirth) 等所稱許，自是日本之東洋史學遂取得世界聯絡，當時東京帝大為唯一之東洋史研究中心，林泰輔、那珂通世、市村瓚次郎、白鳥庫吉、藤田豐八、箭內亙、池內宏師、加藤繁師、和田清師、原田淑人師，其歷任主要講座也。他如中國哲學、中國文學科之服部宇之吉、宇野哲人、鹽谷温，中國佛學之常盤大定，印度哲學之高楠順次郎、宇井伯壽，法學方面之仁井田陞，理學方面之鳥居龍藏，工學方而之關野貞、伊東忠太，亦皆致力於東方學之研究。

林泰輔 (Taisuke Hayashi, 1854~1922)，千葉縣人，治朝鮮史、金石甲骨及中國古代史，曾與白鳥庫吉展開古代史論戰。著有《朝鮮史》、《朝鮮通史》（有陳清泉譯本，民國二十三年，商務版）、《朝鮮近世史》《周公及其時代》。論文集《支那上代之研究》。

那珂通世 (Michiyo Naka, 1881~1908)，盛岡縣人。一八八八年

（光緒十四年，明治二十一年）至一八九〇年（光緒十六年，明治二十三年）刋《支那通史》五卷，漢文，止於宋代。一八九九年（光緒二十五年）羅振玉翻印於上海，用為教科書，嗣復補元明事蹟，改題為《歷代史略》。一九三八年（民國二十三年，昭和十三年）和田清師譯原本為日文。一九〇三年（光緒二十九年，明治三十六年）至一九〇四年（光緒三十年，明治三十七年）校點《崔東壁遺書》，刋於日本。氏治中國通史，至元代，因資料缺乏，漸絕筆而專攻元史，由文廷式得蒙文《元朝秘史》(《元朝秘史》十五卷，不著撰人，有楊氏連筠簃叢書本，又葉氏觀古堂刋本，為十二卷，清李文田有《〈元朝秘史〉注》十五卷，光緒二十三年桐廬袁氏漸西材舍刋，又上海文瑞樓縮印本)，於是習蒙古滿文，廣參中西典籍，譯纂《成吉斯汗實錄》十二卷。別有論文集，名《那珂通世遺書》。

市村瓚次郎 (Sanjiro Ichimura, 1864~) ，茨城縣人，研究中國古代史。著有《東洋史統》，為其數十年研究之結晶，體製完善，組織綿密，稱為佳著。論文集名《支那史論叢》。

白鳥庫吉（本作倉吉，Kurakichi Shiratori, 1865~1942），千葉縣人，主持東洋史研究機關，如東洋文庫研究部、滿鐵滿鮮地理歷史調查部、東洋協會學術調查部，曾遊學歐洲，以德文發表《烏孫考》於匈京《東方評論雜誌》，一九一二年（民國元年，大正元年）代表日本出席歐洲亞細亞學會，能英、法、俄、匈牙利、土耳其、鮮、滿、蒙文，凡西文東方學著作，無不寓目，為日本東洋史研究泰斗，著有論文百餘篇。

藤田豐八 (Toyohachi Fujita, 1899~1929) [1]，字劍峰，德島縣人，清末受羅振玉聘，在上海農學社譯《農書》，並曾任北京農科大學總教

[1] 藤氏出生年份爲1869年。——編者註

習；光緒二十三年王國維曾從之習日文；民七赴粵，主《嶺南日報》；卒後，羅振玉為撰墓表。氏著有《東西交涉史之研究》，分西域、南海二篇。

箭內亙 (Wataru Yanai, 1875~1926)，號尚軒，福島縣人，以研究蒙古史著稱。論文集名《蒙古史研究》（商務刊有陳捷、陳清泉所譯論文數種，名《蒙古史研究》《元朝制度考》等），並著有《東洋讀史地圖》，為世所稱。

池內宏 (Hiroshi Ikeuchi, 1878~) 師，東京人，以滿鮮史著，考據精審，長於史料批判，現任學士會會員，著有《元寇之新研究》、《通溝》（有錢稻孫漢譯）等，並刊行論文集《滿鮮史研究》，已出二册。

加藤繁 (Shigeshi Kato, 1880~) 師，東京人，以治中國經濟史名，淵博縝密，日本東洋經濟史學之開山者也。著支那古田制研究及經濟史論文多數，其《唐宋時代金銀之研究》，曾受帝室恩賜獎金。

和田清 (Kiyoshi Wada, 1890~) 師，神奈川縣人，以滿蒙史及中國近代史，為世所稱，學極淵博精審，多雄篇大著。著《明初之蒙古經略》（《滿鮮地理歷史研究報告》十三）、《明初之滿洲經略》（《滿鮮地理歷史研究報告》十四）等論文，其《支那》（岩波書店岩波講座東洋思潮之一册）為中國通史之權威名作。並補訂箭內所著《東洋讀史地圖》，近刊論文集《東亞史論藪》。

原田淑人 (Yoshihito Harada, 1885~) 師，東京人，以考古學名重於世。發掘東京城渤海國上京龍泉府遺址，刊有報告，著有《支那唐代之服飾》《西域發見繪畫中所見服飾之研究》《漢六朝之服飾》《東亞古文化研究》等。自文獻、遺物二方面，考查古代文化。

服部宇之吉 (Unokichi Hatori, 1867~)，東京人，曾受聘任京師大學堂總教習，著有《東洋倫理綱要》《孔子及孔子教》等。

宇野哲人 (Tetsundo Uno, 1875~)，熊本縣人，著有《支那哲學史講話》《支那哲學研究》《支那文明記》《儒學史》《二程子之哲學》等。

鹽谷温 (Atsushi Shioya, 1878~)，號節山，東京人，葉德輝弟子。著有《支那文學概論講話》(有孫俍工譯本)。

常盤大定 (Daijo Tokiwa, 1870~) 字榴邱，宮城縣人。專攻中國宗教史，尤邃於佛教研究。

高楠順次郎 (Junjiro Takakusu, 1866~)，廣島縣人，印度哲學之權威，主宰現代佛教，刋《大正新修大藏經》，著有《巴梨文佛教》《法文全十七論》《英文觀無量壽經》等。

宇井伯壽 (Hakuju Ui, 1882~)，愛知縣人，著《印度哲學研究》六卷，《印度哲學史》《攝大乘論研究》《佛教論理學》《十句義論》英譯等。

仁井田陞 (Noboru Niita, 1904~)，東京人，中田薰弟子。研究法制史，著有《唐令拾遺》《唐宋法律文書之研究》《支那身分法史》等書。

鳥居龍藏 (Ryuyo Torii, 1870~)，德島縣人，研究人類學、考古學，為鳥居人類學研究所長，著有《由考古學所見遼之文化》《契丹黑山黑嶺考》(《燕京學報》二)等。

關野貞 (Tadashi Sekino, 1867~1935)，新瀉縣人，東洋建築史學者，曾主持朝鮮平壤樂浪古蹟之發掘，著有《朝鮮美術史》《支那之建築與藝術》等書。

伊東忠太 (Chuta Ito, 1876~)，山形縣人，研究中國建築，著有《支那建築史》(陳淸泉譯補為《中國建築史》，民國二十六年八月，商務版，中國文化史叢書之一)。

一九〇六年(光緒三十二年，明治三十九年)九月，京都帝國大學始設文科，次年九月開史學講座，於是西日本之研究中心確立。內藤虎次郎、桑原隲藏、今西龍、濱田耕作、矢野仁一、羽田亨、那波利貞、岡崎文夫、梅原末治等為導師，中國哲學、中國文學科則有狩野直喜、鈴木虎雄、青木正兒等，理學方面之小川琢治、新城新藏，亦東方學之大家也。

內藤虎次郎 (Torajiro Naito, 1866~1934)，號湖南，秋田縣人，曾任大阪《朝日新聞》記者，主京都帝國大學講座十七年，前後遊華九次，工書畫，為史料蒐集家，著書有《支那論》《清朝衰亡論》等數十種，論文百數十篇，其研究史學，頗受文廷式、陳毅之影響，與王國維、羅振玉等亦有往來。論文集有《讀史論叢》《研幾小錄》《東洋文化史研究》數種。

桑原隲藏 (Jitsuzo Kuwabara, 1870~1931)，福井縣人，任東京高師教師約十年，京都帝大教授二十一年，與那珂通世、白鳥庫吉並稱日本東洋史三大師。著有《蒲壽庚之事蹟》，最膾炙人口，曾受帝室獎金。以宋末泉州阿拉伯人蒲壽庚為中心，論當時南海貿易交通。（有馮攸漢譯本，改題《唐宋元時代中西交通史》，民國十三年九月，商務版。又陳裕青補譯本，題《蒲壽庚考》，民國十八年，中華版，南京中國史學會叢書之一）論文集有《東洋史說苑》《東洋文明史論叢》《支那法制史論叢》《東西交通史論叢》數種。

今西龍 (Riu Imanishi, 1875~1932)，岐阜縣人，柯紹忞門人，以朝鮮史著。自文獻、考古二方面研討朝鮮史事，著有《朝鮮史之栞》《新羅史研究》《百濟史研究》。

濱田耕作 (Kosaku Hamada, 1881~1924) 號青陵，大阪人，曾任京都帝國大學總長。盡力於科學的考古學之建設，舉不朽業績，近年斯學之盛運，負於博士者極多。著有《東亞考古學》、《東亞文明之黎明》（有張我軍譯，刋《輔仁學誌》二卷二期，又汪馥泉譯，黎明書局版，又孟世傑譯本）、《東洋美術史研究》等。

矢野仁一 (Jinichi Yano, 1872~)，山形縣人，以中國近代史稱名，著有《近代支那史》《近代支那之政治及文化》《近世支那外交史》《近代支那論》《支那近代外國關係研究》《清朝史》《現代支那研究》《近代蒙古史研究》《近代西藏史研究》等書。

羽田亨 (Tohru Haneda, 1882~) ，京都人，現任京都帝國大學總長，以研究西域著稱。著有《西域文明史概論》(有錢稻孫譯本，壽泉東文書藏，民國二十年十一月印，又鄭元芳譯，民國二十三年，商務版)。

那波利貞 (Toshisada Naba, 1900~) ，德島縣人。研究中國文化史，尤致力於李唐。

岡崎文夫 (Fumio Okazaki, 1888~) ，字煥卿，富山縣人。著有南北朝通史，首為內藤虎次郎漢文序，謂其："潛研乙部，夙曉義法，洽覽博稽，莫不折衷，而天數世道潛運默移之故，猶燃犀而燭照，可謂良史之才。"氏別有《南北朝社會經濟制度》，亦名著也。

梅原末治 (Sueharu Umehara, 1893~) ，大阪人，考古學者。著有《戰國式銅器之研究》《殷墟出土白色土器之研究》《漢以前古鏡之研究》《歐美之中國古鏡》《歐美蒐儲支那古銅精華》等書。近刊《河南安陽遺寶》《河南安陽遺物之研究》，尤名於世。

狩野直喜 (Naoyoshi Kano, 1868~) ，熊本縣人，以經學名，著有《支那學文藪》。一八九九年（光緒二十五年，明治二十五年）[1]，臨時臺灣舊慣調查會受編述清國行政法之囑託，織田萬乃與同僚狩野直喜從事其業，編成清國行政法七冊（其第一册有清國法學研究會譯本，光緒三十二年七月，清國留學生會館發行），為研究清史之重要參考書。

鈴木虎雄 (Tarao Suzuki, 1878~) ，熊本縣人，治中國韻文，著有《支那詩論史》(孫俍工譯其前二部，為《中國古代文藝論史》，民國十七年，北新書局版)、《賦史大要》《支那文學研究》。

❶ 公元1899年爲清光緒二十五年，日本明治三十二年。——編者註

青木正兒 (Masaru Aoki, 1887~)，山口縣人，著有《支那近代戲曲史》（有王古魯譯，名《中國近世戲曲史》，民國二十五年二月，商務版）、《支那文學概說》《支那文藝論藪》等。

小川琢治 (Takuji Ogawa, 1870~)，和歌山縣人。為研究中國地理沿革者，著有《支那歷史地理研究》正續二冊。

新城新藏 (Sinzo Sinjio, 1873~)，福島縣人，前京都帝國大學總長，上海自然科學研究所長。著有《東洋天文學史研究》（沈璿譯其論文為《東洋天文學史》，民國二十七年七月，上海學藝社版）。新城與後述飯島忠夫均從天文學研究考訂中國古籍，大要飯島主中國天文受西方影響，《左傳》乃偽書。新城則據天文史實，以證一部古籍之眞，謂中國二十八宿之定，先於印度天方，古代天文曆法乃華人自行發明。

東京私立早稻田大學於一九〇八年（光緒四年，明治十一年）九月始設史學科。私立慶應義塾大學於一九一一年（宣統三年，明治四十四年）九月設史學科。比一九一四年（民國三年，大正三年），歐戰勃發，日本經濟有長足進步，除東京、京都兩帝大外，有東北（仙臺）、九州（福岡）、京城（朝鮮）、臺北（臺灣）等帝大之增設，文科中大率設有東洋史學講座；同時各私立大學亦相率昇格或增設文科，立中國史關係講座。昭和之世，高師昇格，為文理科大學，亦有史學科。東洋史之研究者，日以增加，遂有今日之盛。早稻田大學之津田左右吉，清水泰次，慶應義塾大學之橋本增吉，國學院大學之飯島忠夫及曾任朝鮮總督府修史官之稻葉岩吉等，皆東方學之大家也。

津田左右吉 (Sokichi Tsuda, 1873~)，東京人，治中國思想史，於秦漢時代，用力最勤。有《左傳之思想史的研究》《周官之研究》《道教之思想及其展開》《支那思想與日本》諸作。

清水泰次 (Taiji Shimidzu, 1890~)，新瀉縣人，以研究明代經濟史著。

橋本增吉 (Masukichi Hashimoto, 1880~)，長崎人，以研究中國古代史稱，著有《東洋古代史》。

飯島忠夫 (Tadao Iiyima, 1875~)，長野縣人。著有《支那古代史論》《支那曆法起源考》。

稲葉岩吉 (Iwakichi Inaba, 1873~1940), 號君山，新瀉縣人。治滿洲史，著有《清朝全史》(但燾譯中華版)、《滿洲發達史》(楊能成譯)、《朝鮮文化史研究》《支那社會史研究》。

日本對於漢籍蒐集甚勤，如宮內省圖書寮多宋元舊槧，且鑒別甚精。內閣文庫多小說戲曲，所庋小說，如元至元刊本平話，明崇禎本《二刻拍案驚奇》，已為唯一無二之孤本，《封神演義》有萬歷原本，《古今小說》有昌啟間原本，初二刻《新平妖傳》有泰昌崇禎原本，《唐書演義》《大宋中興通俗演義》有嘉靖本，又有萬歷本。《西遊》《水滸》，萬歷以前刊本，數種之多，其他明清舊本，尚數十種。足利學校遺蹟圖書館，則自足利時代復興以後，歷受當局重視，並向中國購求書籍，捐入校中，一九〇二年（光緒二十八年，明治三十五年）設立圖書館，內藏學校所遺古籍，並添購新出圖書焉。而東洋文庫、靜嘉堂文庫之成立，對於日本東方學研究之貢獻尤多。東洋文庫者，蓋源於英籍澳大利亞人莫利遜 (Dr.G.E. Morison, 1802 ~ 1920) 之文庫，氏任倫敦泰唔士報通信員，一八六七年(光緒二十三年)[1]以後，久居北京，蒐集研究東方問題之圖書、雜誌、地圖、畫片，古今兼綜，細大不捐，為研究東方問題各國文獻之總匯，一九〇〇年(宣統二年)[2]左右，莫利遜文庫之名，已嘖嘖於各國東方學者之口，一九一二年(民

❶ 公元1867年爲同治六年，光緒二十三年爲公元1897年，據上下文看，此處當爲1897年。——編者註

❷ 公元1900年爲光緒二十六年，宣統二年爲公元1910年。——編者註

國元年）莫氏辭《泰晤士報》通信員，任中華民國大總統府顧問，欲出售其文庫，一八一八年（民國六年）[1]遂以全部售與日本岩崎久彌男爵，凡書籍二萬四千册，地圖、畫片一千幅，包括英、法、德、俄、荷蘭、拉丁、意大利、西班牙、葡萄牙、瑞典、丹麥、波蘭、匈牙利、希臘、芬蘭等各國東方撰著，而涉及中國者尤多，《馬可波羅遊記》多至四十餘種。此外，如明末以後歐西耶穌教士研究中國文物之報告論文，各國亞細亞學會，東方學會發行之學報刊物，以及各種可供參考之非賣品，應有盡有，岩崎以三萬五千磅得此文庫，一九二四年（民國十二年[2]，大正十二年）成立東洋文庫於東京市本鄉區駒达上富士前町，並繼續蒐集有關典籍，派羽田亨攝取斯坦因 (Mark Aurel Stein, 1852~) 伯希和 (Paul Pilliot, 1878~) 在中國敦煌所發見之古代文書全部，蒐集中國全國方志家譜，舉辦東方學講座及展覽會，刊行《東洋文庫論叢》，成立研究部，以白鳥庫吉、石田幹之助，岩井大慧等主其事，文庫公開於有志研究之士，蔚為日本東洋史研究之有力社團。靜嘉堂文庫，為故岩崎彌之助男爵之私立文庫，取《詩經・大雅篇》籩豆靜嘉之意命名，其始僅有十三經、十七史等漢籍，後陸續搜求，得圖書集成、殿版二十四史及楢原陳政藏中國各省府縣志政書，更從事於善本漢籍之購求，得宋版《太平御覽》鈔補本，宋刋《南華經註疏》等。一九〇七年（光緒三十三年，明治四十年）復以十萬元收浙江歸安陸氏皕宋樓書入庫，陸氏名心源，字剛甫，號存齋，生於清道光十四年(1834), 卒於光緒二十年(1894), 夙究許鄭之學，尤喜顧亭林之書，故名其堂曰儀顧，心源曾備兵南詔，權總閩鹾，饒於財。時丁喪亂，藏書之家不能守，書賈奔赴綑載以歸之，凡得書十五萬卷，為皕宋樓、十萬卷樓，皕宋樓藏宋元舊槧，十萬卷樓收明後秘刻手校手

[1] 公元1818年爲嘉慶二十三年，民國六年爲公元1917年。——編者註

[2] 公元1924年爲民國十三年。——編者註

鈔及近儒著述。别建守先閣，藏尋常刻本及鈔本之無異者。靜嘉堂既收其書，島田翰為之清理，珍籍實數，據《靜嘉堂文庫略史》，稱北宋刊本七部八十册，宋刊本一百一十四部二千六百十一册，元刊本百九部千九百九十九册。有明後之遺書，有天壤之孤本。靜嘉堂文庫於一九二四年（民國十三年，大正十三年）改為圖書館組織，復廣收朝鮮及日本古本，成立現代圖書館於岩崎祖塋附近紅葉岡，公開於研究漢學者。

東方學或有關於東方學之重要刊物，有：(1)《東洋學報》，一九〇四、一九〇五年（光緒三十年、三十一年，明治三十七、八年）之交，白鳥庫吉遊學歐洲歸，鑑於東方史地研究之重要，倣英法之例，創立亞細亞學會，至一九〇七年（光緒三十二年[1]，明治四十年）與林太郎伯爵所主持之東洋協會合併，為其學術調查部，一九〇九年（光緒三十四年[2]，明治四十二年）七月，發行《東洋協會學術調查報告》第一册，頗引起學術界注意。一九一一年（宣統三年，明治四十四年）一月，刊行《東洋學報》，每年三期，自十一卷起，改為每年四期之季刊，長篇鉅著，藉以刊佈；末附彙報，並刊《歐美新書目錄》。於發刊學報之外，並常舉行講演會云。(2)《東方學報》，日本以庚欵一部，設立東方文化事業委員會，委員服部宇之吉、狩野直喜，創議成立東方文化研究院，以研究中國文化為目的，於東京、京都二處，分别設立研究所。一九二九年（民國十八年，昭和四年）正式開院，由評議員分别推薦研究員及助手，擇定題目，從事研究，並刊行各種研究報告，其論文則别刊行《東方學報》，東京、京都兩研究所分别刊行，不定期。(3)《滿鮮地理歷史研究報告》，後藤新平伯爵任南滿洲鐵道株

[1] 公元1907年爲光緒三十三年。——編者註

[2] 公元1909年爲宣統元年，明治四十二年；光緒三十四年爲公元1908年。——編者註

式會社總裁時，倣臺灣舊慣調查之例，以滿洲歷史、地理之研究調查，委託白鳥庫吉。自一九〇八年（光緒三十四年，明治四十一年），白鳥即偕稻葉岩吉等數人，在滿鐵會社中歷史調查室內，開始研究，滿鐵所刊《滿洲歷史地理》二卷（民國二年，大正二年），即其研究之結果。關於朝鮮史地方面，亦由滿鐵於一九一三年（民國二年，大正二年）刊行《朝鮮歷史地理》二卷。至一九一五年（民國四年，大正四年）一月，以其事業委託東京帝國大學。帝大即囑託箭內亙、池內宏師、松井等及津田左右吉，從事調查，一有所得，即由東京帝大發行《滿鮮地理歷史研究報告》。其後，松井至一九二一年（民國十年，大正十年）第八册刊行之後，即退出此種調查事業，箭內又於一九二六年（民國十五年，大正十五年）二月逝世，補充需人，即由帝大囑託和田清師加入研究，以至現在。(4)《史學雜誌》，東京帝國大學史學會發行，該會創立於一八八九年（光緒十五年，明治二十二年），發起者為當時文科大學教授重野安世等，以東京帝大師生作主體，一九二九年（民國十八年，昭和四年）五月，改組為財團法人，一八九〇年（光緒十六年，明治二十三年）十二月發行月刊雜誌，初名《史學會雜誌》，至一八九二年（光緒十八年，明治二十五年）十二月，始改為今名《史學雜誌》，其中撰著者，皆係帝國大學教授及富有史學知識之學者，對於日本史學界貢獻極大，關於中國方面亦常有論文。其彙報一欄，對於國內外史學界消息按月刊載，且時有書評介紹良著。此外每月例會，四五月大會，舉行講演。(5)《歷史學研究》，東京歷史研究會發行，此會為東京帝大畢業生所辦，一九三三年（民國二十二年，昭和八年）創刊。(6)《史林》，京都帝國大學史學研究會發行，會創立於一九〇七年（光緒三十三年，明治四十年）十二月，事業分集會調查發行會誌等。最初數年間，注重集會講演，逐年發行講演集，共刊四册，後更名為《史的研究》（大正三年九月發行）、《續史的研究》（大正四年十二月發行），至一九一六年（民國五年，大正五年）一月起。發行每年四期之機關雜誌《史林》，揭載會員之新研究，忠實介紹國內外研究論著及慎重批評，一面收錄關於教授歷史、地理之各種意見，並與各地方學會聯絡，報告其研究與發現。(7)《藝文》，京都文學會發行，目的在企圖哲學、史學、文學之進步與普及，一九〇八年（光緒三十四年，明治四十一年）九月，教授學生間在洛西清瀧初次集會，其後每月開例會講演，至一九一〇年（宣統二年，明治四十三年）春正式刊行雜誌《藝文》，按月出版，關於中國學術之論文亦不少，頗為學界重視。至一九三一年（民國二十年，昭和六年）三月停刊。(8)《支那學》，支那學社發行，一九二〇年（民國九年，大正九年）九月成立，發行雜誌，名《支那學》，主持者為京都帝大之本田成之、小島祐馬、青木正兒、神田喜一郎、倉石武四郎等，樹立復興漢學之旗幟，廣招同志，以從事之。(9)《東洋史研究》，東洋史研究會發行，季刊。(10)《青丘學叢》，青丘學會發行，創立於一九三〇年（民國十九年，昭和五年）至一九三九年（民國二十八年，昭和十四年）十月三十號終刊。(11)《國華》，國華社發行，一八八七年（光緒十三年，明治二十年）成立，為美術雜誌，所刊研究評論，有關中國及東方美術品，如畫、書蹟、拓本、印章、雕刻、建築、漆器、陶磁器、金屬品、染織品者頗多。

10. 章末附識

自海通以還，九州一家，瓌奇俊偉之士，競集其目光於東方，幾於國有作者，年有傳人，本篇僅及涯略，掛一漏萬，所不能免也。

參考文獻

一、本章全體之參考書：

1. 中法漢學研究所：《十八世紀十九世紀之法國漢學》，民國三十二年五月。

2. 王古魯:《最近日人研究中國學術之一班》，民國二十五年三月自刊本。

3. 于式玉:《日本期刊三十八種東方學論文篇目附引得》，一九三三年九月，燕京大學圖書館引得編纂處出版。

4. 于式玉、劉選民:《一百七十五種日本期刊東方學論文篇目附引得》，一九四〇年二月，哈佛燕京社出版。

5. 大日本文明協會:《歐人の極東研究》，大正元年十月。

6. 石田幹之助:《歐米に於ける支那研究》，昭和十七年六月，創元社出版。

7. 青本富太郎:《東洋學の成立とその發展》，昭和十五年六月，螢雪書院出版。

8. 石濱純太郎:《東洋學の話》，昭和十八年四月，創元社出版。

9. 後藤末雄:《西洋人の觀たゐ支那》，岩波講座，東洋思潮。

10. 狩野直喜:《續狗尾錄》，《支那學文藪》，昭和二年。

11. 松本廣信:《佛蘭西た於けゐ支那研究》(慶應義塾望月基金支那研究會編支那研究)，東京，昭和五年。

12. 渡邊海旭:《歐米の佛教》，大正七年十一月，丙午出版社出版。

13. 矢吹慶輝:《西洋人の觀たゐ印度》，岩波講座，東洋思潮。

14. 大日本文明協會:《歐米人の日本觀》，明治四十一年—四十二年。

15. 矢吹慶輝監修:《外人の觀たゐ日本國民性》，昭和九年二月，中央教化團體聯合會發行。

16. 石田幹之助:《西洋人の目に映じたゐ日本》，岩波講座，日本歷史。

17. 中山久四郎:《現代日本に於けゐ支那學研究の狀況》(Kyushiro Nakayama: Sinologiacal Researches in Japan 1931).

18. 歴史學研究會:《明治以後に於ける歴史學の發達》，昭和八年二月，四海書房出版。

19. 歴史學研究會:《滿洲史研究》，昭和十一年三月，四海書房出版。

20. 岩村忍:《支那關係歐米名著略解》，昭和十五年，タイムス出版社出版。

21. 遠藤元男、鈴木俊、原種行、田中正義:《史籍解題》，平凡社出版。

22. 大塚史學會高師部會:《邦文歷史學關係諸雜誌東洋學論文要目》，昭和十一年六月增補版。

23. 池內宏、橋本增吉、濱田耕作、矢野仁一監修:《東洋歷史大辭典》，昭和十四年，平凡社發行。

24. 國際事情研究會:《日本及極東を評論する外國人便覽》，昭和十三年五月，タイムス出版社出版。

25. S. Couling, The Encyclopaedia Sinica. Shanghai, 1917.

26. K. Inostrancev, Hun-Nu i gunnú. (Bibliogr. obzor teorii o proishozdenii naroda Hun-nu kit. Ietopisei, o proishozdenii evropeiskih gynnov, o vzaimn ǔ h otnosenijah etih dvuh narodov) —SPB, tip. kn.V.P. Mescerskogo, 1900.

27. H. Maspero 於 Revue historique 五十年記念號 Histoire et Historiens depuis cinquante ans 所著 Chine et Asie centrale 之項 Paris, 1927.

28. H. Maspero 於 Société asiatique 百年祭記念册 Livre du Centenaire 所著中國之部。Paris, 1922.

29. 倫敦 Ryoal Asiatic Society 百年記念册 Centenary Volume. London, 1923.

30. 法國教育部編纂 La Science francaise. Paris, 1916 第二卷所收

E. Chavdnnes, Sinologie.

31. O. Frauke, Die sinologischen Studien in Deutschland. Beitäge zum Verständnis dar politischen u. kulturellen Entwicklungs—Vorgänge im Fernen Osten. Hamburg, 1911 附錄。

32. L.C. Goodrich, Chinese stuies in the United States. The Chinese Social and Political Science Review, XV，1, Apr. 1931, pp. 62~77.

33. K. S Latourette, American Historical Review, Vol. XXVI，4, 1921, Vol. XXXV，4, 1929.

34. E, C, Carter, China and Japan in our university curricula. New York, 1929.

35. B. March, China and Japan in our Museum. Chinago, 1929.

36. M. Winternitz, Geschichte der Indischen Littaretur. 3Band. Leipzig, 1909~1920.

37. Henri Cordier, Bibliotheca Sinica, Paris, 1904~1908.

38. K.S. Latourette, The Chinese, their history and culture. 2vols., New York, 1934.

39. M.S. Bastes（貝德士),《西方東方學報論文舉要》(An Iutroduction to Oriental Journal in Western Langues), 金陵大學中國文化研究所叢刊乙種之一，一九三三年四月。

40. T'oung Pao.

二、宮內省圖書寮，參看八代國治等編:《國史大辭典》, 圖書寮之項。

三、內閣文庫，參看:

1. 八代國治等編:《國史大辭典》, 紅葉山文庫之項，金澤文庫之項。

2. 久保天隨:《日本儒學史》, 第十六章，金澤文庫。

四、足利學校遺蹟圖書館，參看《斯文六十年史》, 第二十七章，足利學校遺蹟圖書館之項。

五、關於莫利遜文庫及東洋文庫，參看：

1.《東方文庫圖書目錄》(Catalogue of the Asiatic Library of Dr.G.E. Morrison)，大正十三年，日本東方文庫刊。

2.《財團法人東洋文庫沿革略》，《斯文雜誌》第七編第一號雜錄欄。

3.《東洋文庫十五年史》，昭和十四年刊。

六、關於陸氏藏書及静嘉堂文庫，參看：

1. 陸心源：《皕宋樓藏書志》。

2. 島田翰：《皕宋樓經籍源流考》，武進董氏刋本。

3. 靜嘉堂文庫編：《靜嘉堂秘籍志》五十卷，昭和五年刊。

4. 靜嘉堂文庫編：《靜嘉堂文庫漢籍分類目錄》，附錄《靜嘉堂文庫略史》。

編後記

莫東寅，東北人，畢業於日本東京帝國大學（今東京大學）東洋史學科，回國後曾任北京大學講師。他早年潛心歐洲漢學研究，所著《漢學發達史》是中國學術史上第一部中國學者撰寫的國外漢學研究著作。後主攻民族宗教史，對滿族史尤其是對滿族薩滿教很有研究，其《滿族史論叢》在探討滿族早期社會歷史諸問題和挖掘滿文老檔等原始資料方面均開風氣之先。另著有《留東遊記》《地丁錢糧考》。

《東方研究史》出版於 1943 年，之後長期鮮為人知。其內容與同年出版的《漢學發達史》有諸多相通之處，但在篇章設置與起至時限上有很大區別。細細品讀之下，或可發現，較之《漢學發達史》，《東方研究史》更能真實地展現作者當時的思考軌跡，內容更加豐富充實。本書以時間為序，系統介紹從秦漢直到 20 世紀早期的世界漢學，尤其是歐洲的研究演進史。內容貫通，讀來暢快，尤其文末附有“參考書舉要”，實為學者研究國外漢學的入門書籍。或因後來《漢學發達史》的出版，《東方研究史》絕版已久，世人多知《漢學發達史》，而不知《東方研究史》，殊為可惜。

此次出版的《東方研究史》，據 1943 年東方社所發行的底本進行整理，並參照 1949 年文化出版社出版的《漢學發達史》第一版加以修訂。需向讀者說明的有以下幾點：其一，為保持舊籍原貌，文中因時代所限出現的同字異書、與今人不同的外文書寫與翻譯，一般不作改動。其二，原文中並非現行規範的標點符號，在整理過程中，在保持原貌的基礎上，進行了必要的訂正，不再一一注出說明。其三，對原文中一些明顯的錯訛之處，主要為時間標注和史實錯誤，進行了必要的修改，並以“編者註”的形式加以說明。當然，隨着學界研究的深入，以我們今天的眼光來看，書中的許多觀點已經顯得落後，或者有待商榷，但其反應了當時學界的研究水平，對於學術發展史仍有不可忽視的作用。書中有些問題，如公元紀年與中國年號紀年的轉換，需請讀者注意。限於整理者水準，只對疑問之處作出簡單註釋以提示讀者，請相關專業讀者閱讀時注意，其他錯漏不當之處仍在所難免，誠望讀者諸君批評指正。

劉江　王曉燕

2014 年 1 月

《民國文存》第一輯書目

紅樓夢附集十二種	徐復初
萬國博覽會遊記	屠坤華
國學必讀（上）	錢基博
國學必讀（下）	錢基博
中國寓言與神話	胡懷琛
文選學	駱鴻凱
中國書史	查猛濟、陳彬龢
林紓筆記及選評兩種	林紓
程伊川年譜	姚名達
左宗棠家書	許嘯天、胡雲翼
積微居文錄	楊樹達
中國文字與書法	陳彬龢
中國六大文豪	謝無量
中國學術大綱	蔡尚思
中國僧伽之詩生活	張長弓
中國近三百年哲學史	蔣維喬
段硯齋雜文	沈兼士
清代學者整理舊學之總成績	梁啟超
墨子綜釋	支偉成
讀淮南子	盧錫烴

國外考察記兩種	傅芸子、程硯秋
古文筆法百篇	胡懷琛
中國文學史	劉大白
紅樓夢研究兩種	李辰冬、壽鵬飛
閒話上海	馬健行
老學蛻語	范禕
中國文學史	林傳甲
墨子閒詁箋	張純一
中國國文法	吳瀛
錢基博著作三種	錢基博
老莊研究兩種	陳柱、顧實
清初五大師集（卷一）·黃梨洲集	許嘯天
清初五大師集（卷二）·顧亭林集	許嘯天
清初五大師集（卷三）·王船山集	許嘯天
清初五大師集（卷四）·朱舜水集	許嘯天
清初五大師集（卷五）·顏習齋集	許嘯天
文學論	夏目漱石、張我軍
經學史論	本田成之、江俠庵
經史子集要略	羅止園
古代詩詞研究三種	胡樸安、賀楊靈、徐珂
古代文學研究三種	張西堂、羅常培、呂思勉
巴拿馬太平洋萬國博覽會要覽	李宣龔
國史通略	張震南
先秦經濟思想史二種	甘乃光、熊夢
三國晉初史略	王鍾麒
清史講義（上）	汪榮寶、許國英
清史講義（下）	汪榮寶、許國英

清史要略	陳懷
中國近百年史要	陳懷
中國近百年史	孟世傑
中國近世史	魏野疇
中國歷代黨爭史	王桐齡
古書源流（上）	李繼煌
古書源流（下）	李繼煌
史學叢書	呂思勉
中華幣制史（上）	張家驤
中華幣制史（下）	張家驤
中國貨幣史研究二種	徐滄水、章宗元
歷代屯田考（上）	張君約
歷代屯田考（下）	張君約
東方研究史	莫東寅
近世歐洲史	何炳松
西洋教育思想史（上）	蔣徑三
西洋教育思想史（下）	蔣徑三
西洋教育史大綱	薑琦
人生哲學	杜亞泉
佛學綱要	蔣維喬
國學問答	黃筱蘭、張景博
社會學綱要	馮品蘭
韓非子研究	王世琯
中國哲學史綱要	舒新城
中國古代政治哲學批判	李麥麥
教育心理學	朱兆萃
陸王哲學探微	胡哲敷

認識論入門	羅鴻詔
儒哲學案合編	曹恭翊
荀子哲學綱要	劉子靜
中國戲劇概評	培良
中國哲學史（上）	趙蘭坪
中國哲學史（中）	趙蘭坪
中國哲學史（下）	趙蘭坪